죽기 전에
꼭 하고 싶은 것들

이 책을 소중한

_____님에게 선물합니다.

_____ 드림

죽을 때 후회하지 않을
진짜 인생을 사는 법

죽기 전에
꼭 하고 싶은 것들

김도사 기획 | 이수희 외 52인 지음

위닝북스

꿈은
지금 당장 실행해야 한다!

사람이라면 누구나 죽기 전에 꼭 하고 싶은 것들이 있다. 그리고 언젠가는 그것들을 하겠다고 다짐한다. 지금 당장 꼭 해야겠다는 생각은 하지 못한다. 이는 사회적으로 성공한 이후에나 하고 싶은 것들을 할 수 있다는 고정관념 때문이다.

이 책의 저자들은 죽기 전에 꼭 하고 싶은 것들을 글로 썼다. 그것들에 대한 생생한 느낌을 떠올리며, 지금은 그 꿈을 현실로 실행하고 있다. 성공한 이후에나 꿈을 이룰 수 있다는 고정관념에서 벗어난 것이다. 그들은 지금 당장 하고 싶은 것들을 하면서 성공한 삶을 살 수 있는 방법을 찾았다.

　사람들은 살면서 했던 일보다 하지 않은 일에 대해서 후회한다. 하고 싶은 것들을 왜 지금 당장 하지 않는가? 나중으로 미룰수록 꿈은 단지 꿈으로 남는다. 내가 머뭇거리고 있는 동안, 많은 사람들은 하고 싶은 것들을 하면서 즐거운 삶을 살고 있다는 것을 잊지 말자. 시간은 지금도 흘러가고 있다. 죽기 전에 꼭 하고 싶은 것들은 지금 당장 시작해야 한다.

2018년 11월

김석준

: 목 차 :

죽기 전에 꼭 하고 싶은 것들

이수희 김민선
박수연 이선희
김나미 이지현
김태승 박지혜
방제천 안영란

퇴직하지 않는
1인 지식창업가 되기

이수희 사회복지사, 자기계발 작가, 동기부여가

대학교와 대학원에서 사회복지학을 전공했으며 현재 사회복지전담 공무원으로 재직 중이다. 공무원의 성공적인 변화를 이끌어 낼
수 있는 공무원 역량 개발에 대한 개인저서를 집필 중이다.

· C·P 010 3270 1357

40~50대의 중년이 창업에 실패하는 이유는 무엇일까? 중년의 평균 퇴직 연령은 58.8세, 조기 퇴직 연령은 52.2세라고 한다. 20~30대 창업에 성공한 사람들과 비교해 볼 때, 50~60대의 성공의 요인은 나이와 실력의 차이가 아니다. 20~30대는 패기와 준비성, 치밀한 계획을 갖고 창업해 성공한다. 이에 비해 중년들의 사업 실패는 '퇴직을 앞두고 있어서'라든지 '나이 들어도 소일거리가 있어야 한다'라는 절박하지 않음에서 비롯된다고 볼 수 있다.

많은 퇴직자나 퇴직 예정자들이 2~5억 원이라는 막대한 자본을 들여 창업하고 있다. 막연히 치킨집, 편의점, 커피숍 등 프랜차이

즈를 통해 창업하고 통상 3년 안에 폐업한다. 그렇게 모아 두었던 소중한 노후자금을 탕진하고 암울한 여생을 보내게 되는 것이다.

하지만 진정으로 '내 인생의 시작'이라는 생각을 가지고 창업에 도전한다면 실패율을 낮출 수 있다. 잘 알지도 못하는 프랜차이즈로 사업을 벌여 가산을 탕진하는 것보다 나의 경력을 활용하는 지식창업가가 되는 것이 더 손쉬울 것이다. 어떤 사람이든 직장 경력 10년이면 경험과 경력을 콘텐츠로 개발할 수 있다고 한다. 그동안 쌓아 온 기술과 경력을 바탕으로 사업을 할 수 있는 것이다.

퇴직이 다가오거나 퇴직을 생각하는 경우, 준비 없이 함부로 퇴직해서는 안 된다. 김태광 대표 코치님이 쓰신 《나는 직장에 다니면서 1인 창업을 시작했다》에서도 준비가 안 된 상태에서 퇴직하면 안 된다고 한다. 현재 다니는 직장에서의 자신의 역량, 비전, 자산 등이 어느 정도인지 염두에 두고 차근차근 준비해야 한다. 그래야 소중한 사업 자금을 잃지 않고 행복한 새 인생을 살 수 있다.

정년을 맞아 퇴직한 선배님들 중에는 10년 전부터 퇴직을 준비한 분도 있다. 하지만 퇴직할 때까지 별다른 준비 없이 정년을 맞는 분들이 많다. 그분들은 한 분야에서의 35년의 경력을 자랑한다. 또한 뛰어난 업무 능력을 겸비하신 분들이다. 그런데도 연락해 보면 다들 하는 일 없이 집에서 소일하고 있다. 그 흔한 봉사활동도 안 한다. 그분들은 현직에 있는 동안 현업에 바쁘고 절박한 의식도 없어 자신에 대해서 파악해 본 적도 없다. 그러니 무엇을 잘할 수 있는지도 모른다.

재직 시 자신의 퍼스널 브랜딩을 준비했다면 퇴직하고 그토록 무료한 생활은 안 할 텐데… 후배로서 안타까운 마음이다. 아마도 연금을 수령해 생계를 유지할 수 있기 때문에 절박하지 않았던 것 같다. 지금은 재직 중에 뭐라도 준비했어야 했다는 생각이 든다고 한다.

그중 한 분은 자타가 인정하는, 보고서 작성과 기획 분야의 능력자다. 지금은 퇴직한 후 공모계획서 작성에 관한 강의를 간간이 하고 있다.

내가 다니고 있는 직장은 별다른 사유가 없으면 60세에 정년을 맞는다. 그래서 나는 아직 퇴직할 생각이 없다. 하지만 나는 직장에 다니면서 나의 경험, 경력, 노하우를 책으로 써내서 나를 퍼스널 브랜딩할 것이다. 다가올 퇴직을 기다렸다가 창업하는 것이 아니라 미리 준비해서 실패하지 않고 성공하고 싶다. 한 번뿐인 인생인데 퇴직할 때까지 그냥저냥 지내다가 한 달에 한 번씩 나오는 연금에 의존해 하고 싶은 것도 못하고 살 수는 없지 않은가? 아무리 생각해도 그런 인생은 의미 없고 지루하다.

예전부터 나는 내가 하고 있는 일들을 정리해 보고 싶다는 생각을 해 왔다. 대학에 다닐 때 학부 세미나에서 교수님은 일하다 보면 업무에 대한 철학이 중요하다고 하셨다. 그때는 무슨 말인지 잘 몰랐는데, 지금은 그 중요성을 알게 되었다.

정부의 복지 수혜 대상자 확충에 따른 보편적 복지서비스의 시행으로 많은 직원들이 영입되고 있다. 사회복지사 자격증이 있고 국가시험에 합격하면 누구나 공공복지서비스 제공 업무를 할 수 있다. 그런데 단순 업무는 그런대로 하지만 경험 부족으로 복잡하거나 난이도가 높은 업무는 어려워하는 직원들이 많다. 그래서 어려움에 처하거나 본인 역량이 부족할 때 무너지는 경우가 있다.

또한 요새는 개인주의에 워라밸(Work and Life Balance;일과 삶의 균형)을 강조하는 시대여서 상하 간의 소통에 어려움이 많다. 예전에는 당연시되던 일들도 그냥 넘어가지 않고 문제가 되는 경우가 많다. 업무 추진 과정에서 상사와 부하의 갈등, 성희롱 등 소통 부재의 문제도 많이 발생하고 있다. 그만큼 조직 운영에 어려움이 많아 인사 부서에서 직원 교육에 공을 들이고 있다. 나는 그동안의 업무 경험을 통해 이런 문제들에 직면한 사람들에게 도움을 줄 수 있다고 생각한다.

사람들은 나에게 사회복지사 자격이 있고 근무 경력이 있는 만큼 복지단체에 취업하거나 요양원을 운영하라고 조언한다. 그러나 복지단체는 법인의 영향력이 커서 오래 근무할 수 없다. 노인 전문 요양원 운영도 생각보다는 쉽지 않고 적성에 맞지 않는다.

나는 공공복지서비스 제공 업무의 초창기 멤버이고 나름 전문가로 인정받고 있다. 공공복지서비스 제공 분야의 거의 모든 업무를 다뤄 봤다. 많은 업무를 하면서 다양한 경험과 기술도 습득했다. 좋은 콘텐츠는 모두 자신의 경험담에서 나온다. 나의 경험과 지식이 다른 사람에게 도움이 된다면 나의 자존감도 높아질 것이다. 책을 써서 나를 알린다면 전문가로서 확고히 인정받을 수 있다. 수십 년간의 경험을 과소평가하지 않고 내 기준을 명확히 해 경험에서 의미를 찾아야겠다. 나의 경험과 기술을 돈으로 바꾸는 사업을 하고 싶다.

현재 나는 나의 경험을 나만의 콘텐츠로 만들고 가공하기 위해서 〈한국책쓰기1인창업코칭협회(이하 한책협)〉의 김태광 대표 코치님께 책 쓰기와 창업시스템에 대해서 배우고 있다. 나의 존재감을 드러내는 책이 출간된다면 많은 변화가 있을 것이라 믿는다. 책을 펴내면 강의, 칼럼 기고, 코칭, 컨설팅 의뢰가 쇄도할 것이다. 책을 출판하고 널리 알려지면 전국적으로 의뢰가 들어올 것이다.

그리고 나의 이름을 건 블로그나 연구소를 운영하는 방안도 생각하고 있다. 창업에 큰돈 안 들이고 그동안 쌓은 경험과 지식을 활용하는 것이다. 운영이 활성화되면 많은 사람들과 소통하게 될 것이다. 그러면 돈은 저절로 들어오리라 확신한다. 나에게 퇴직은 없다. 나는 스스로 출근 시간을 결정하는 자유로운 생활을 하게 될 것이다.

온전한
나의 회사 만들기

김민선 **SNS 쇼핑몰 고객 관리 본부 본부장, CS 강사, 블랙 컨슈머 응대법 매뉴얼 제작 및 교육 강사**

현재 SNS 쇼핑몰 고객 관리 본부 본부장으로 재직 중이다. 추후 고객만족경영은 물론 블랙 컨슈머 대응법에 관한 개인저서 집필 및 강의를 계획하고 있다.

• C·P 010 9960 9943

강남의 고급 백화점, 금융그룹사, 여행사⋯. 나열한 곳들은 모두 내가 살아오면서 길게든 짧게든 몸담았던 곳이다. 어디의 작고 시시한 중소기업들도 아니었다. 강남에서 가장 큰 고급 백화점, 충무로에 위치한 그룹사 계열의 보험사 그리고 을지로에 위치해 있던 반백년 역사의 여행사 등이었다. 모두 어느 정도의 규모가 있는 회사들이었다. 급여나 복지도 만족스러웠다.

함께 일하는 사람들의 학력은 모두 높았다. 그럴수록 자존감은 더 커졌었다. 이름만 대면 모두 아는 큰 회사, 큰 빌딩에서 근무하는 딸은 부모님의 자랑거리였다. 급여도 좋고 잘생긴 남자친구도 있었다. 어린 나이인지라 나는 예뻤다. 이대로 인생이 흘러가도 나쁠 건 없었다.

하지만 믿었던 회사들이 배신을 시작했다. 내가 다니던 크고 고급스러웠다는 백화점은 삼풍백화점이었다. 1995년 붕괴사고 때도 나는 백화점에서 근무 중이었다. 에어컨이 고장 난 실내가 더워 바깥 날씨를 구경하겠다며 몇 걸음 걸어 로비쯤에 도달했다. 그때 건물은 가루처럼 부서졌다. 제법 긴 시간, 많은 먼지 때문에 눈앞을 전혀 볼 수가 없었다.

먼지가 조금 가시자 전쟁터를 방불케 하는 장면들이 내 눈에 들어왔다. 다리가 하나 없어진 사람, 몸에 유리가 박힌 사람, 돌 밑에 깔린 사람, 팔이 잘려 나갔다며 우는 사람 그리고 이미 죽은 사람들.

그렇게 말도 안 되는 사고로 첫 직장을 잃었다. 그리고 난 보험사에 들어가게 되었다. 그곳은 고려증권을 필두로 잘나가던 고려그룹의 고려생명이었다. 충무로에 큰 건물을 가지고 있었고 유명 배구팀까지 거느리고 있었다. '이렇게 튼튼한 회사라면'이라는 생각을 한 지 얼마 되지 않아 또다시 시련이 찾아왔다.

개국 이래 최고의 위기라고 했던가. IMF 외환위기를 맞아 금융사가 폐업하는 유례없는 일들이 일어났다. 증권사 및 시중은행이 퇴출되었으며 10개의 종합금융회사의 인가가 취소되었다. 또한 4개의 보험사가 영업 정지되었는데 여기에 내가 애사심을 가지고 일하던 고려생명이 포함되었다. 그렇게 두 번째에도 생각지 못하게 회사 건물 밖으로 나오게 되었다

그다음에 입사한 곳이 반백년의 역사를 자랑하는 을지로의 여행사였다. 여행업계의 공무원 회사로 불렸던, 망할 리 없는 회사였다. 내가 소속되어 있던 곳은 일본 인바운드 팀으로 일본 사람들의 한국 여행을 통해 수익을 내는 곳이었다.

일주일에 한 번씩 있었던 팀장 회의 때는 본사를 필두로 동경, 나고야, 오사카, 후쿠오카 등의 소장들과 함께 영상회의를 했다. 어떤 드라마가 뜨고 있는지, 외교 분위기로 인한 영향은 어떤지, 혐한의 영향은 어떤지 등을 논의하기 위해서였다. 이때마다 나는 내가 제법 훌륭한 사람으로 성장했다는 생각을 하게 되었다. 그도 그럴 것이 대부분의 서류는 일본어로 되어 있었고 외교 문제며 드라마 주인공들의 이야기가 주요 안건이었기 때문이다. 그런데다 그때만 해도 영상회의는 고도의 기술로만 여겨졌던 터라 감회가 새로웠다.

하지만 국내 정권이 바뀌고 일본의 정권도 바뀌면서 한일 간의 외교 문제는 썩 좋아 보이지 않았다. 그런데다 2011년에 발생한 강진과 쓰나미로 일본이 풍비박산이 났다. 급격하게 일본인 여행자 수가 감소했다.

그렇게 내가 몸담았던 회사들은 차례로 건물이 무너졌었고, 국

가 초유의 사태인 IMF 외환위기로 퇴출당했고 일본의 쓰나미로 문을 닫게 된 것이다.

이쯤 되니 이제 다른 회사에 이력서를 내기도 곤란해졌다. 마치 '이번에는 당신 회사 차례입니다'라고 선포하는 듯한 느낌이랄까.

그러다 새로운 마음으로 이력서와 자기소개서를 구직 사이트에 등록해 두었다. 그리고 운 좋게도 관리자급으로 재취업에 성공하게 되었다. 현재는 본부장이라는 꽤 그럴듯한 직함을 달고 근무 중이다. 회사는 전망, 복지, 급여 그리고 나를 대하는 대우 역시 완벽하다. 그럼에도 불구하고 그간 견고함을 자랑해 왔던 회사들의 마지막 모습들의 트라우마 때문인지 늘 불안하고 끝없이 다음을 고민하게 된다. 그다음을 해결해야 내가 꿈꾸는, 내가 적어 둔 버킷리스트들을 지워 나갈 수 있기 때문이다.

많은 사람들의 버킷리스트는 사실 크게 다르지 않다. 큰 집을 갖고 싶고, 여유로운 생활을 하고 싶을 것이다. 돈이 좀 있다면 이웃에도 좀 나눠 줘 가며 좋은 사람이 되고 싶은 욕구도 있을 것이다. 금쪽같은 자녀들을 보다 좋은 환경에서 교육받게 하고 싶을 것이다. 먹고 싶은 걸 마음껏 먹고 특별한 날이 아니더라도 여행을 다니고 싶을 것이다. 그리고 내 부모가 좀 더 좋은 노후를 보내도록 해 주고 싶은 정도랄까.

모두의 공통된 이 시시한 버킷리스트. 하지만 대다수가 죽을 때까지 노력해도 이루지 못하는 이 버킷리스트들을 나는 〈한책협〉에서 이루기로 결심했다. 아직 〈한책협〉 수업 과정에 들어 있지 않은 CS 강사육성, CS 교육, 감정노동자들을 대상으로 한 매뉴얼 작업 등을 교육하는 코칭 과목을 개설해 〈한책협〉에서 운영하는 것이 내 버킷리스트가 되었다.

아침마다 책 냄새가 나는 깔끔한 곳으로 출근해 서로를 응원하고 축복하는, 선한 기운이 가득한 공간에서 무려 나만의 강의라니. 〈한책협〉에 '청강'을 가지 않고 '출근'을 하게 되는 날. 그날로부터 내가 눈물 나도록 그리던 버킷리스트가 이루어지는 기적이 시작될 것이라 생각된다.

〈한책협〉만큼은 저주가 가득한 내 이력서를 드밀어도 흔들림 없이 버텨 주리라. 나의 버킷리스트는 굳이 쭉 열거하지 않아도 명쾌하다.

이탈리아를
여행하며 책 쓰기

박수연 자기계발 작가, 동기부여가

엄마로, 아내로 사는 여성들이 꿈을 포기하지 않고 가슴 뛰는 삶을 살아가는 데 도움을 주는 동기부여가로 활동하고 있다.

• Instagram suyeon_82

20대 때 나는 별다른 꿈이 없었다. 그저 좋은 대학을 나와서 좋은 직장에 들어가는 것이 당연하다고 생각하며 살았다. 취직이 잘된다고 부모님이 추천해 준 치위생과에 입학하고, 3년의 학교생활을 마쳤다. 국가고시에 합격하고, 졸업하자마자 나는 치과에 취직이 되었다. 하지만 취직이 되고 나면 모든 것이 편안해질 거라는 내 기대와는 달랐다. 연차가 낮다는 이유로 식사 시간에도 의자에 한번 제대로 앉아서 밥을 먹어 본 적이 없었다. 늘 소화제를 달고 살아야 했다.

매일 콩나물시루 같은 만원 버스에 몸을 싣고 출근하면 환자가 오기 전에 간단하게 각자 맡은 일을 했다. 그러곤 선배들과 예약 환자에 대한 간단한 리허설 및 미팅을 시작했다. 그 후 달달한 모닝커피를 한 잔 하며 하루를 시작했다.

3개월 정도의 수습 과정에는 늘 책으로만 보던 이론이 아닌, 실전에 대한 새로운 기대감을 가졌다. 하지만 그 이후의 내 생활은 별로 특별할 것 없는, 여느 평범한 직장인의 삶에 불과했다. 그저 병원이 원하는, 일 잘하는 치위생사가 되어 병원에서 인정받았을 뿐이었다. 그러곤 선배들이 그랬듯 실장으로서의 삶이 끝이었다. 이 불황 속에 전문직종에 취직된 것만 해도 남들에겐 부러움의 대상이었다. 하지만 나의 인생은 그저 안전하다는 것뿐 별로 나아지지 않았다.

여느 때처럼 평범하게 쉬던 주말이었다. 재미있는 TV프로그램을 찾던 중 누구나 알고 있는 오드리 헵번과 그레고리 펙 주연의 〈로마의 휴일〉을 보게 되었다. 여자 주인공도, 남자 주인공도 멋있었지만, 무엇보다 스페인 광장에서 오드리 헵번이 젤라또를 먹으면서 데이트하는 모습이 너무 예쁘게 느껴졌다. 그러면서 자연스레 이탈리아에 대한 궁금증이 생기기 시작했다.

그 뒤로 몇 번이고 이탈리아를 주제로 하는 영화와 사진 그리고 여행책을 봤다. 그러면서 꼭 가 보고 싶은 이탈리아의 장소에 대해 생각해 보게 되었다. 콜로세움에서 5만 명의 관중들이 열광

하는 검투 장면을 보고 있노라면, 나도 마치 그곳에서 같이 응원하고 있다는 느낌이 들었다. 세계 제일의 유네스코 세계유산을 자랑할 만큼 이탈리아는 미술품이 유명한 곳이다. 로마를 비롯해 피렌체, 밀라노 등의 건축기술도 놀라웠다. 시대가 점점 변화하고는 있지만, 이런 어마어마한 건축물과 미술작품을 만든 사람들은 시대를 초월한 사람들인 것 같다.

파리에 에펠탑, 마르크스 광장과 몽마르트 언덕이 있다면 피렌체에는 미켈란젤로 언덕, 로마에는 스페인광장 앞 스페인계단이 있다고 한다. 나 역시 언젠가는 직장생활을 때려치우고, 현지인들과 여기에서 어울리며 맥주잔을 기울일 거라는 상상을 하곤 했었다. 그렇게 이탈리아를 생각하며 직장생활의 막막함을 달랬었다.

직장생활에 익숙해질 대로 익숙해진 5년 차가 되었을 무렵, 4년 차인 직속 후배 3~4명이 직장을 그만두고 한 달간 유럽으로 배낭여행을 간다는 소문이 들려왔다. 그들은 하나같이 상냥하고 싹싹하게 일을 잘하는 후배들이었다. 나는 그 소식을 듣고, 뭔가에 머리를 한 대 얻어맞은 기분이었다. 신선한 충격 같은 거라고 해야 할까?

'잘나가던 직장을 갑자기 그만두고 여행을 간다고? 이렇게 취직이 어려운 시기에?' 나에게는 그런 생각이 들었다. 내가 다니던 직장은 꽤 알아주는 치과병원이었다. 들어오기가 하늘의 별 따기였다. 그런데 그들이 여행하고자 하는 이유는 꽤 구체적이었고, 계획

적이기까지 했다. 그러한 이유 때문인지 병원의 배려로 그녀들은 사직서를 내지 않고, 한 달간 유럽여행을 다녀오게 되었다.

그렇게 시간이 흘러 한 달 뒤 그들은 유럽여행을 마치고 돌아왔다. 그들은 그동안 여행에서 있었던 일들을 이야기하고 사진을 보여 주었다. 그들의 여행에 비하면 내가 책이나 영화로 봤던 것은 그 감흥이 10분의 1도 되지 못했다. 그때 나는 그녀들에게 감동했었다.

지금 생각해 봐도 그녀들은 용감했고, 참 당찼던 것 같다. 어떤 사람이 잘나가는 직장을 그만둘 생각까지 하며 여행을 가고자 할 수 있을까? 아니 어쩌면 내가 너무 평범함 속에 머물러 있었던 것일지도 모르겠다. 여행이라는 건 여유 있는 자만이 가는 것이라고 생각했던 건 아닐까.

저마다 여행하려는 목적은 다를 것이다. 하지만 일상의 모든 것을 벗어던지고, 내가 맡은 책임들을 다 내려놓은 채 맛있는 음식을 먹고, 최선을 다해 즐기는 게 여행 아닐까. "그동안 수고했다. 고생했다."라며 내가 나에게 달콤한 휴식을 주는 것이 아닐까. 20대의 직장생활 때 나에게 꿈을 주었던 이탈리아. 꼭 그곳을 여행하고, 사진을 찍어 나만의 여행 책을 만들어 보고 싶다. 조금이라도 젊을 때, 미친 듯이 여행하고 싶을 때 그냥 배낭을 둘러메고 떠나고 싶다!

1인 창업으로 성공해
월 1억 원 창출하는 시스템 만들기

이선희 SNS 마케팅 코치, 마케팅 글쓰기 코치, 자기계발 작가, 동기부여가

한 아이를 키우는 육아맘이다. 5년째 '꽃써니'라는 닉네임으로 SNS 마케팅을 펼치고 있다. 마케팅으로 2017년에 1억 3,000만 원의 수익을 창출했다. 현재 SNS 마케팅 교육을 하고 있으며, SNS 마케팅에 대한 개인저서를 집필 중이다.

• C·P 010 5644 5544　　　　　　　　　　• Instagram so_leesunhee

나는 돈이 좋다. 아니 사랑한다. 너무 솔직한가? 나는 모든 것에 솔직하다. 나는 가난하지도 부유하지도 않게 살았다. 전문대를 졸업한 후 취업하고 평범하게 살아왔다. 하지만 결혼할 때쯤 나는 평범한 인생도 살아가지 못하고 있었다. 당시 내 나이 스물아홉 살. 네 살 연하인 신랑과 2주 연애했는데 아기가 2주 만에 생긴 것이다. 청천벽력과 같았다.

소중한 아기의 존재를 8주 만에 알게 되었다. 그때 신랑의 나이는 스물다섯 살이었다. 번갯불에 콩 구워 먹듯이 우리는 결혼하게 되었다. 둘 다 모아 놓은 돈도 하나 없고, 양가 도움도 없는 상태에

서 시작했다. 그 당시 신랑은 백수였다. 그렇게 원룸 월세살이부터 신혼생활을 시작했다.

신랑은 결혼하고 난 후 취직했다. 나는 임신으로 인해 집에서만 생활해야 했다. 그러나 편안한 마음으로 생활할 수는 없었다. 곧 태어날 아기에게 뭐든 사 주고 싶고, 해 주고 싶은데 돈이 없었기 때문이다. 돈이 없어서 서럽기도 했다. 신혼여행도 가지 못했고, 먹고 싶은 것을 마음껏 사 먹지도 못했기 때문이다. 그만큼 간절하고 절실했다. 그때 나에게 보인 것이 온라인 부업이었다. '사기 아니야?', '나도 벌 수 있을까?'라는 걱정 반 기대 반으로 시작했다. 그렇게 시작했던 온라인 부업이 어느덧 5년 차가 되었다. '꽃써니'라는 닉네임으로 활동하며 많은 인지도를 쌓았다. 나는 늘 나 자신을 믿고 행동했다. 간절히 원했던 것만큼. '간절히 원하면, 이루어진다.'

작년에는 1억 3,000만 원의 수익을 창출했다. 5일 만에 1,000만 원도 벌고, 한 달 만에 3,000만 원도 벌었다. 많은 사람들은 집에서 돈을 번다고 하면, 쉽게 버는 줄 안다. 하지만 과정은 쉽지 않았고 우여곡절이 많았다. SNS 마케팅, 온라인 마케팅 책을 계속 구입해 읽고 연구했다. 여러 사람들의 노하우를 내가 하는 일에 접목시키기도 했다. 밤을 지새운 적도 많다. 하루 종일 컴퓨터 앞에 앉아 있기도 했다. 처음 벌어 본 금액에 손이 벌벌 떨리기도 했다. 신기했고 자신감도 높아졌다.

하지만 내 미래는 불안정했다. 연봉 1억 원이 넘는 수익을 벌어도 돈이 없는 건 똑같았다. 나는 언제부턴가 나 스스로에게 질문했다. '이렇게 집에서 일하는 게 나에게 무슨 의미가 있을까?' 그렇게 묻고 또 물으면서 해답을 찾았다.

나의 버킷리스트에는 월 1억 원이라는 목표가 늘 적혀 있었다. 세상에서 돈이 전부는 아니지만, 돈은 많은 것을 해결해 준다. 집에서든 밖에서든 언제 어디서든 내가 원하는 것을 하고 싶을 때, 사고 싶을 때 필요한 것이 돈이다. 그것을 너무 뼈저리게 느꼈다. 꿈이 있어도 돈이 없어서 하지 못한 것이 너무도 많았다.

나는 20대 초반부터 1인 창업이라는 꿈을 가지고 있었다. 하지만 꿈에 대한 목표가 확실치 않았다. 그래서 무작정 인터넷 쇼핑몰을 시작한 적이 있다. 잘 안 되었지만 말이다. 어린 나이였기 때문에 빠르게 돈을 벌고 성공하고 싶었다. 부모님과 가족, 지인들에게 인정받고 싶은 갈망이 컸었다.

나에게는 지금 '1인 창업으로 성공해 월 1억 원 창출하는 시스템 만들기'라는 확실한 목표가 있다. 나의 전문성으로 책을 쓰고 세상의 인정을 받으며, 선한 영향력을 펼칠 것이다. 나아가 1인 코칭, 컨설팅, 강의와 강연으로 세상에서 가치 있는 사람이 될 것이다. 내가 만든 시스템을 통해 나와 같은 육아맘, 전업주부, 워킹맘 등 수많은 사람들에게 나의 가치를 전달할 것이다. 월 1억 원 이상의 수익을 창출해 나의 꿈을 모두 이룰 것이다. 나를 낳고 지금까지 키워 주신 부모님께 마음껏 용돈을 드리며 살 것이다. 어린 나이에 한 가정의 가장으로 살며 고생한 신랑에게 경제적인 자유를 선물할 것이다. 그리고 내 딸아이에겐 멋지고 능력 있고 든든한 엄마로 살아갈 것이다.

불안정한 삶과 미래가 보이지 않아 앞이 깜깜하고 불안했던 시점에 운명처럼 만나게 된 곳이 있다. 바로 〈한책협〉이다. 내게 꿈꿀 수 있게 해 주고 특별한 인생을 살게 해 주신 김태광 대표 코치님께 감사함을 꼭 전하고 싶다. 〈한책협〉을 만나 더 큰 꿈을 펼칠 것이다. 지금부터 한 번뿐인 나의 인생, 시간적, 경제적 자유를 얻고 특별한 삶을 살아갈 것이다. 내 인생은 '지금'부터다.

5

작가, 메신저로서
영혼이 깨어 있는 삶 살기

김나미 국가공무원, 자기계발 작가, 동기부여가

보건복지부 행정사무관으로 재직 중이다. 질병정책과, 의료정보정책과, 보험급여과, 아동복지정책과 등에서 근무하며 보건복지 분야의 정책을 추진했다. 이력으로는 여성가족부 권익기획과, 국제협력과에서 근무한 바 있다. 작가이자 동기부여가라는 가슴 설레는 꿈을 그리며 현재 '감정 조절'을 주제로 개인저서를 집필 중이다.

당신은 '인생은 한 번뿐이다'를 뜻하는 욜로(YOLO) 라이프를 추구하는가? 이 좋은 세상, 한 번 사는 인생 멋지게 즐기며 살고 싶은가? 이제 그만 느긋하게 여유를 즐기며 삶의 의미를 되찾고 아름다운 추억을 회상하며 살자. 당신은 열심히 살아왔고 그럴 자격이 있으니까. 돈은 먹고살 만큼만 있으면 된다. 인생은 공수래공수거(空手來空手去)라고 하지 않았던가.

나는 대한민국의 국가공무원이다. 5급 행정사무관으로 중앙부처에 소속되어 있다. 요즘같이 취업난이 심각하고 불경기인 시기에 안정적이고 탄탄한 직장을 가지고 있는 것만으로도 감사한 일이다. 정부는 양질의 민간 일자리 창출을 위해 '일자리 정책 5년 로드맵'을 수립하고 '5대 분야, 10대 중점과제, 100대 실천과제'를 추진하고 있다. 또한 일자리 메인지표와 상세지표를 확인하는 상황판까지 매일 점검하고 있는 상황이다.

일부 독자들은 공감하지 못할 수도 있겠지만 대한민국의 중앙부처 공무원들은 정말 밤낮, 주말 없이 치열하게 일한다. 나는 현재 휴직 중이지만 몇 달 전까지만 해도 나 역시 서울시와 세종시, 국회와 산하기관 등을 오가며 치열하게 일했다. 내가 속한 부처의 선후배, 동료들은 정말 존경스러울 정도로 열심히 일한다. 내 생각에 그것은 공직에 대한 투철한 사명감과 자부심 없이는 지속하기 어려운 생활 같다.

나는 공무원이셨던 아버지와 대학 재학 중 4년 내내 장학금을 놓치지 않은 둘째 언니의 조언으로 공무원이 되었다. 우리 가족은 그야말로 성실하게 열심히 사는 사람들의 표본이었다. 아버지는 직업군인으로서 평생 국가에 충성했다. 어머니는 전업주부로서 가정을 돌보고 자녀양육에 힘썼다. 두 언니와 남동생 모두 건실한 직장인이다. 하지만 안타깝게도 재능을 찾아 가거나 모험을 하기에는 녹록지 않은 외벌이에 4자녀 가구였다. 그래서 어머니의 예술적 재능을 물려받은 우리 형제들은 모두 재능과 꿈보다는 안정적인 직장을 선택했다.

　하지만 고무될 만한 사실이 있다. 나의 어머니는 미술과 음악에 탁월한 재능이 있다. 미술을 계속하지는 못했지만 뒤늦게 대학교에서 성악을 전공했다. 그리고 목사님이 되었다. 나는 어머니의 도전과 성취, 전혀 예상하지 못했던 인생의 전개를 보면서 적잖은 충격을 받았다.

　나의 꿈은 베스트셀러 작가가 되는 것이었다. 이성적, 논리적이기보다는 감성적이고 공감능력이 뛰어난 나는 어려서부터 공상하기를 즐겼다. 고등학생 재학 시절, 하굣길에 너무나 깊게 공상에 빠져 있다. 허둥지둥 가방을 챙겨 겨우 버스에서 하차한 적도 있었다. 나는 꿈 많은 어린 시절에 그려 왔던 그러한 아름다운 상상들이 몽상에 불과하다고 치부하며 살아왔던 것 같다.

　한편, 나는 초등학교 6학년 때는 상당히 활달하고 명랑했다. 괴롭힘을 당하는 우리 반 여자아이를 대신해 남자아이를 혼내 준 적도 있다. 나에게 장난치는 남자아이와 붙어서 머리채를 잡고 싸우기도 했다. 결국 그 아이 주먹에 얼굴을 맞고 말았다. 그렇게 승부가 났고 둘 다 교장실로 불려 가는 것으로 마무리되었다. 나는 마치 불의를 보면 못 참는 '정의의 사자'처럼 호전적이기도 했고 약한 친구에게 도움이 되고 싶었다.

　요즘 나는 그동안 현실의 일과를 해내느라 의식할 수 없을 정도로 내 가슴속에 침잠해 있던 나의 소중한 꿈을 비로소 되찾고 있다. 인생의 '모멘텀(momentum)'의 순간을 맞이하고 있는 것이다. 나는 내가 진실로 좋아하고 잘할 수 있는 일을 하고 싶다. 내 세포 하나하나가 살아 있고 영혼이 깨어 있는 삶을 살고 싶다. 나는 나 자신을 너무나 사랑하므로 하루하루 가슴 뛰는 인생을 살고 싶다. 나의 고귀한 열정을 온전히 나를 위해 쓰고 싶다. 지금 나에게는 자아실현에 대한 열정이 되살아나고 있다. 그러면서 미래에 대한 기대감과 설렘으로 벅찬 하루하루를 보내고 있다.

나는 사실 안정된 직장생활을 누리면서 편하게 살자고 생각한 적도 있다. 하지만 나의 내면의 소리에 귀 기울이고는 '내 꿈을 펼쳐야겠다'라고 생각했다. 나의 소중한 인생을 위해서 더 이상 늦출 수는 없다. 여느 때처럼 나는 도전한다. 나는 작가다. 이미 이룬 것처럼 책을 출간하고 가족들에게 선물하는 모습을 생생하게 그리고 있다. 사람들에게 희망을 주는 메신저로 활동하는 모습도 상상한다. 마지막으로 《톰 소여의 모험》을 쓴 미국의 소설가 마크 트웨인의 말을 되새겨 본다.

"앞으로 20년 뒤 당신은 한 일보다 하지 않은 일을 후회하게 될 것이다. 그러니 돛을 묶은 밧줄을 풀어라. 안전한 부두를 떠나 항해하라. 무역풍을 타라. 탐험하고 꿈꾸고 발견하라."

6

베스트셀러 작가가 되어
크고 멋진 집에서 부자로 살기

이지현 블로그 강사, 1인 기업가, 명상가, 자기계발 작가

프리랜서 블로그 강사로 소상공인을 위한 블로그 활용법 강의 및 컨설팅을 하고 있다. 10년 동안 명상을 꾸준히 해 오면서 알게 된 깨달음을 담아 eBook 《나를 일으켜준 명상》을 출간했다. 현재 가슴 뛰는 삶을 주제로 개인저서를 집필하고 있다.

· E-mail multi219@naver.com　　　　　　　　· Blog blog.naver.com/multi219

누구나 행복해지기 위해 부자가 되고 싶어 한다. 나도 그렇다. 크고 멋진 집에서 부자로 살고 싶다. 하지만 단순히 행복해지기 위해서만은 아니다. 나와 비슷한 어린 시절을 보낸 사람들과 가족들에게 보여 주고 싶은 마음이 크다.

나는 4세부터 19세까지 아버지에게 학대를 받으며 자랐다. 때문에 굉장히 부정적인 생각으로 가득 차 있었다. 초등학생 때의 사진을 보면 어린아이라고 생각되지 않을 정도로 표정이 어둡다. 그도 그럴 것이 귓전에는 누가 CD를 틀어 놓은 양 아버지의 욕설이 24시간 재

생되고 있는 듯했기 때문이다. 또한 머릿속에서는 아버지가 나를 손과 발로 구타하는 장면이 반복 재생되고 있었기 때문이다.

어릴 적 나의 소망은 어른이 되어서 빨리 독립하는 것이었다. 그렇게 실제로 성인이 되어 신체적 폭력으로부터는 멀어졌다. 하지만 정신적 트라우마에 시달려 근근이 아르바이트를 하면서 정신과 치료를 받으러 다녀야 했다. 책 한 권 읽지 않던 내가 어느새 책벌레가 되어 정신에 관한 책들을 닥치는 대로 읽기 시작했다. 가벼운 심리학 서적부터 전공서적, 자기계발, 종교, 영성 등 다양한 분야의 책들을 넘나들며 읽다가 명상도 배우게 되었다.

지난 나의 30년을 돌아보면 참 유별나게 살아온 것 같다. 나는 늘 평범한 삶을 동경해 왔다. 그러던 중, 어느날 나는 이왕 이렇게 된 거 이제는 좀 멋지고 유별나게 살아 보겠다는 꿈을 갖고 실행하기로 결심했다.

'베스트셀러 작가가 되어 크고 멋진 집에서 부자로 살기'

'그럼 나는 어떤 책을 쓰고 싶은가?'라는 질문을 마음에 던지자 어마어마한 소망이 하나 톡 하고 떠올랐다. 소설처럼 스토리가 있는 형식이되 그 안에 긍정적인 메시지와 보석 같은 교훈을 담은 책을 쓰고 싶다는 생각이 들었다. 예를 들면 칼릴 지브란의 《예언자》, 파울로 코엘료의 《연금술사》 같은 책 말이다. '그래, 지브란과 코엘료 다음을 잇는 작가가 한국에서 나오지 말라는 법 있어?'라며 세 번째는 내가 되는 상상을 해 보았다. 흐뭇했다. 누군가 이 글을 보며 "네가?"라고 비웃어도 상관없다. 이것이 내가 원하는 것이니까!

무일푼에서 2년 만에 백만장자가 된 하브 에커는 50만 명이 넘는 사람들을 백만장자로 만든 사람으로 유명하다. 이 정도 결과면 백만장자 메이커라고 불러 줘도 될 듯하다. 그런 그가 그의 베스트셀러 《백만장자 시크릿》에서도 말하지 않았던가? "Think Big!(크게 생각하라! 그러면 크게 이루어질 것이다!)" 비웃은 당신이 하브 에커보다 더 부자라면 나는 기꺼이 당신의 조언을 듣겠다.

내가 베스트셀러 작가가 되면 살게 될 크고 멋진 집은 이미 상상 속에 예비해 두었다. 그 멋진 공간은 1인 가구를 위한 커다란 평수의 고급 오피스텔이다. 침실과 거실이 일직선으로 뻥 뚫려 있는 원룸 형태다. 바닥에는 아이보리색 대리석이 깔려 있고, 침실 한가운데에는 멋진 퀸 사이즈 침대가 있다. 왼편에는 크고 높은 통유리 창문이 있는데 하얀 커튼 사이로 햇살이 은은하게 비쳐 든다. 거실에는 가죽 3인용 소파와 큰 벽걸이 TV가 있고, 그 아래 바닥에는 늘 키우고 싶었던 하얀색 포메라니안 아기 강아지가 곤히 잠들어 있다. 나는 두근거리고 설레는 마음으로 퀸 사이즈 침대에서 여왕처럼 일어난다. 그러곤 매일 아침 문 앞으로 배달되는 건강 도시락을 먹으며 하루를 시작한다.

그 밖에도 독일제 로잉머신과 아침 8시에 맞춰 바흐 클래식 뮤

직을 기상음악을 틀어 주는 음향기계도 갖춰져 있는 완벽한 집이라고 할 수 있다. 만약 정신적으로 많은 장애를 겪었던 사람이, 평범한 수준도 힘들었던 사람이 이렇게 베스트셀러 작가가 되고 크고 멋진 집에서 부자로 산다면 정말 많은 사람에게 큰 희망이 되지 않겠는가? 때문에 하느님, 부처님, 알라신이 나에게 이런 기회를 갖도록 적극 도와주시지 않을 이유가 없다.

또한 이렇게 성공함으로써 화나는 대로 어린아이를 마음껏 후려 팼던 아버지와 그것을 말리지 못할 정도로 약했던 가족들 모두에게 긍정적이고 창조적인 복수를 해 주고 싶다.

7

죽기 전에
내 이름으로 된 책 남기기

김태승 대화법 코치, 자기계발 작가, 동기부여가

'한 번뿐인 내 인생은 내가 만들어 간다'라는 신념으로 사는 두 아들의 엄마다. 자신의 가치를 잘 모르고 희망 없이 사는 사람들에게 꿈과 희망을 심어 주는 코치로 활동 중이다. 현재 대화법을 주제로 개인저서를 집필 중이다.

• E-mail dufwjd5237@naver.com   • C·P 010 6318 9656

죽기 전에 해 보고 싶은 것은 너무나 많다. 그중에서 꼭 해 보고 싶은 것을 말해 보라면 악기 배우기다. 나는 8년 전 독학으로 피아노를 1년가량 죽어라 연습했다. 그 결과 지금은 양손으로 피아노를 칠 수 있게 되었다. 그 당시 내 아이들은 초등학생이었고 피아노 학원을 다니고 있었다. 그랬던지라 아들이 사용했던 바이엘 교재를 시작으로 지금은 내가 좋아하는 트로트 가요까지 연주할 수 있다. 전문가처럼은 아니지만 그래도 '아, 이 노래구나!' 하고 감을 잡을 수 있을 정도는 된다. 그 당시 나는 정말 피아노 하나만 바라보고 살았다.

하루에 2, 3시간은 피아노 건반과 함께했던 것 같다. 처음에는 이

곡도 저 곡 같고 저 곡도 이 곡 같아 구분이 되지 않을 정도였다. 하지만 1시간 2시간 하루 이틀 한 달 두 달이 지나면서 나의 실력은 나날이 늘었다. 꾸준하게 매일매일 연습해서 그렇게 연주가 가능했던 게 아닌가 하는 생각이 들었다. 하고자 하는 마음과 열정이 있었기 때문에 가능했던 것 같다.

그때의 성취감은 이루 말할 수 없었다. 작은 일이지만 내 손으로 내가 하고자 했던 것을 해냈다는 기쁨에 나도 할 수 있구나 하는 자신감까지. 누군가에게 인증 받는 것이 아니라 스스로에게 만족감을 느낀 순간이라고 할 수 있겠다.

나는 사람이 악기를 다룬다는 것은 그만큼 감성이 풍부하기 때문이라 생각한다. 그리고 흥이 있어서라고 말하고 싶다. 확실하지는 않지만 사람이 흥이 있어야 살아가는 재미가 있다는 말을 TV에서 들었던 기억이 난다. 나도 그렇게 생각한다. 나에게 흥을 물려주신 분은 다름 아닌 아버지다. 아버지는 6년 전 2월에 이 세상과 이별하셨다.

아버지는 지금으로부터 20년 전 큰아들이 태어날 무렵 위암 판정을 받으셨다. 수술을 안 하시겠다고 고집을 부리시다 다행히 수술을 받으셨다. 그렇게 인공 위를 달고 15년을 더 사셨다. 아버지는 제2의 인생을 사신다고, 덧붙여 사신다고 하시며 하고 싶은 것들을 다 하고 사셨다고 말할 수 있다. 그중 아코디언 연주가 있다. 그렇게 매끄럽지는 않았지만 나름 재미있게 잘 연주하셨다. 아버지의 그 모습을 담은 동영상이 있어 얼마나 다행인지 모른다. 아버지는 흥이 많으셨다. 노래도 잘 부르셨고 손재주도 많으셨다. 아버지는 많은 것을 나에게 물려주고 가셨다.

악기를 하나 다뤄 보는 것은 또 다른 세상을 경험할 수 있는 좋은 기회가 될 것이다. 삶이 좀 더 부드럽고 재미있지 않을까 한다.

지금 막내아들이 열일곱 살인데 리코더를 잘 분다. 몇 년째 리코더로 아름다운 소리를 들려준다. 정말 귀가 즐겁다. 누가 시켜서 하는 것이 아니라 그저 자신이 좋아서 하는 것이다. 아들은 음감이 뛰어난 것 같기도 하다. 이렇게 작고 쉽게 접할 수 있는 악기들로 충분히 아름다운 멜로디를 만들어 낼 수 있다는 게 신기할 정도다.

최근 나는 기타에 관심을 가지게 되었다. 우리 집 한구석에는 고등학교 시절 한 달 가까이 쳐 봤던 줄 끊어진 기타 하나가 놓여 있다. 나는 조만간 그 기타를 다시 잡을 계획이다. 흥이 있는 인생, 얼마나 신나는가?

난 남의 눈치 보지 않고 내가 하고 싶은 것을 하고 사는 편이다. 남에게 피해 주지 않는 한 난 나의 방식대로 살고 있다. 죽기 전에 꼭 해 보고 싶은 것이 없다고 슬퍼하지는 마라. 사람들의 생각이 다 똑같지는 않다. 나는 이 세상 모든 사람들이 자신이 하고 싶은 일을 하고 살았으면 좋겠다.

그리고 내가 진짜 죽기 전에 꼭 해 보고 싶은 것은 내 이름으로 된 책을 남기는 것이다. 한 권이라도 출간하고 싶다는 막연한 생각이 있었다. 하지만 〈한책협〉의 김태광 대표 코치님을 만난 이후로 생각이 진전되었다. 여러 권의 책이 계속해서 나올 것 같은 아주 행복한 생각이 든다. 상상만 해도 신난다. 꼭 그렇게 될 것이라고 믿고 또 믿는다.

"꿈을 이뤄라. 그리고 누군가의 꿈이 되어라!"

김태광 대표 코치님의 말을 되새기며 나는 꿈을 향해 조금씩, 조금씩 나아갈 것이다.

1인 지식창업으로
능동적으로 살기

박지혜 직장인, 자기계발 작가, 동기부여가

6년 차 직장인으로 계약업무를 담당하고 있다. 영어공부를 시작한 지 5년 차이며 매일 새벽 영어공부로 하루를 시작하고 있다. 직장생활을 하면서 영어 문제로 좌절하는 동료들을 보고 안타까움을 느껴 그들의 영어 학습을 도와주기로 다짐했다. 현재 직장인 대상으로 '새벽시간을 활용한 영어공부법'을 주제로 개인저서를 집필 중이다.

• E-mail wlgpdmlalth@hanmail.net   • C·P 010 6299 0315
• Instagram amateurflutist

나는 6년 차 직장인이다. 회사는 집으로부터 1시간 정도의 거리에 있다. 버스로 한 번에 출퇴근할 수 있어 교통이 매우 편리하다. 회사는 주말을 제외한 평일 5일만 근무한다. 업무 성격상 야근이 거의 없으므로 내 할 일만 다 하면 일찍 퇴근하는 것이 가능하다.

우리 회사는 특수 직종이기 때문에 사람들이 잘 모른다. 그만큼 업무 내용이 쉽지 않다. 신입으로 입사하면 교육부터 받아야 한다. 교육은 몇 개의 과목으로 나뉘어 있다. 제일 기초적인 교육의 경우 최소 3일은 받아야 한다.

사실 나는 입사할 때 이 교육을 제대로 받지 못했다. 비서직으로 입사했기 때문에 업무상 크게 필요하지 않다는 이유에서였다. 그 당시 매우 실망했다. 아무리 업무상 관련이 없더라도 교육은 필요하다고 생각했다. 더군다나 퇴직할 때까지 비서직에 있을 것도 아니라고 생각했다. 언젠가는 타 부서로 발령받아 실무를 해야 한다는 의미였다.

그때를 대비해서 미리 준비하는 것이 최선책이라고 생각했다. 시간이 있을 때 교육을 들으면 업무를 이해하는 데도 여유가 있고 효율적일 것이라고 생각했다. 그러나 아무리 혼자 찾아서 공부하려고 해도 지원해 주는 사람이 없었다.

그 후 대리로 진급하고 타 부서로 발령받았다. 역시나 실무 업무에 투입되었다. 당연하게도 회사 흐름을 파악하지 못했다. 기능적인 부분을 아무것도 모르기 때문이었다. 그때가 되어서야 회사는 내 교육 문제로 한참 애를 썼다. 왜 입사 때의 내 요청을 들어주지 않는가. 상사에게 직접 물어보기까지 했다. 당시 당장 교육을 받을 필요가 없었다는 답변뿐이었다.

우리 회사는 신입직원보다 경력직원을 우대한다. 바쁜 업무에 바로 투입할 수 있는 인재를 필요로 하는 것이다. 그런데 장기적으로 생각하면 신입직원을 양성하는 것이 옳다. 회사의 미래는 결국 지금의 신입사원이 이끌고 나갈 것이기 때문이다. 나는 그 점이 항상 안타까웠다.

이후로 난 회사에 미련이 없어졌다. 열심히 하고 싶다고 해서 기회가 주어지는 것도 아니었다. 더군다나 직원들이 업무를 서로 하려고 하지 않는다는 것이 제일 큰 문제였다. 직급이 올라갈수록 일을 더 하지 않았다. 사기가 떨어졌다. 업무를 서로 미루는 모습을 보고 회사의 미래가 암담하다고 생각했다.

회사 직원들은 나를 굉장히 열정적인 사람으로 평가한다고 들었다. 맡은 일을 팔 걷어붙이고 꼼꼼하게 처리하기 때문인 것 같다. 모르는 것은 담당 직원을 찾아 짚고 넘어간다. 안 되는 것은 왜 안 되는지 이유를 확인하고 이해한다. 업무상 불편한 점이 있으면 내 식대로 고쳐서 편리하게 만들어 놓는다. 나는 그만큼 맡은 일을 똑소리 나게 처리하고 싶었다. 누가 시켜서도 아니고 그저 내 성격이 그렇다.

나는 내년이면 과장 진급 대상자다. 그렇게 되면 연봉도 오르게 된다. 그런 시점에서 나는 창업을 준비하고 있다.

회사 일에 회의감을 느끼던 중 〈한책협〉에 등록하고 여러 수업을 들었다. 김태광 대표 코치님과 수석 코치님들을 보고 깨달았다. 왜 〈한책협〉의 운영이 잘되고 있는 것인지. 그들은 대표 코치님의 지휘 아래 정확하게 방향을 잡고 일사천리로 사업을 진행했다. 열성적이고 적극적으로 활동했다. 그러다 보니 많은 수강생들이 그 모습에 반했다. 같이하게 될 날을 손꼽아 기다리고 있다. 나도 그 수강생 중 한 명이다.

지난 7월 이후로 나의 많은 부분이 변했다. 먼저 〈한책협〉의 전 과정을 수강했다. 상당한 금액을 지불하고서 말이다. 1인 지식창업에 필요한 모든 과정을 수료하기 위해서였다. 회사에서 상사가 시키는 업무만 하고 퇴근하는 것과는 정반대의 삶이다. 내 지식을 전달하고 코칭하는 삶을 동경하게 되었다. 그 발판을 〈한책협〉에서 배우고 만들어야겠다고 생각했다.

〈한책협〉의 시스템은 굉장한 역할을 한다. 기본적으로 의식 확장을 위해서 100권의 도서를 읽게 한다. 블로그에서 이웃을 만들어 내 소식을 전하는 방법을 알려 준다. 이후 카페로 오게 해 내가 신청한 과정을 수강하게 한다. 이 밖에도 여러 과정이 있다. 과정별로 하나씩 들으면 얼마나 대단한지 느낄 수 있다.

이제 나는 메신저의 삶을 살려고 한다. 1인 지식창업가로서 내 사업을 스스로 가꾸고 운영하고 싶다. 더 이상 회사의 일개 직원으로서 눈치 보며 억지로 일하고 싶지 않다. 하기 싫은 회사 업무 때문에 스트레스를 받기 싫다. 우울해지는 것도 싫다. 내 재능을 그 것을 필요로 하는 사람들에게 공유해 주고 싶다. 가치를 전달하고 싶다.

회사에서 급여를 받으며 시키는 일만 하던 삶보다는 물론 훨씬 힘들 것이다. 그러나 나와 꿈을 함께하는 작가님들이 있기 때문에 한결 든든하다. 길게 보았을 때 내가 정말로 하고 싶은 일을 하면서 돈을 버는 것이 제일 행복한 인생이 아닐까?

이렇게 나는 내 인생을 적극적이고 능동적으로 살고 싶다. 한 번뿐인 내 인생을, 누구 손에 맡기지 않고 내가 주인이 되어 당당하게 살고 싶다. 회사에 잘 다니다가 뜬금없이 창업을 준비한다는 딸을 걱정하던 엄마에게 자랑스러운 딸이 되고 싶다. 나 스스로 판단해 이만큼 성장했다는 모습을 보여 주고 싶다. 이 꿈은 반드시 이루어진다. 2019년도 내로 꼭 이루어진다.

9

MC 출신
극복 전문가 되기

방제천 극복 전문가, 상담사, 자기계발 작가

대한민국의 평범한 대학생이지만 대인기피증을 극복하기 위해 도전한 MC라는 일을 7년 차 하고 있다. 일을 통해 생긴 변화를 가지고 다른 사람들도 돕고 싶어 여러 지역에 강연을 다니고 있다. 청소년부터 대학생들까지 힘든 시기를 겪고 있는 사람들에게 도움을 주는 게 목표다. 저서로는《나를 이기는 힘, 극복》이 있다.

• C·P 010 7256 1730   • Instagram jecheonb

나는 어렸을 때부터 몸이 약했다. 부모님은 그런 나를 위해 몸에 좋다는 음식과 약을 계속 해 먹이셨다. 처음에는 전혀 효과를 보지 못했다. 그러다 초등학교 4학년이 넘어가면서 갑자기 먹은 것들이 효과를 내기 시작했다. 살이 찌기 시작한 것이다. 지금껏 약했던 몸에 대한 반작용이었을까. 살은 계속해서 찌기 시작했다.

초등학교 6학년이 되었을 때였다. 반에서 체형 검사를 했다. 선생님께서 반 학생들이 보는 앞에서 나의 키와 몸무게를 이야기하셨다. 키는 반에서 중간 정도인데, 몸무게는 두 번째로 많이 나갔다. 당시 반에 좋아하던 여자애가 있었다. 그 친구가 내 키와 몸무게를 들더니 놀라면서 나를 쳐다봤다. 그 표정은 처음에는 놀람이 었지만 이후에는 환멸에 가까웠다. 더러운 것을 본 듯한 그 표정에 나는 충격을 받았다.

그날 이후 많은 것이 바뀌었다. 1학년 때부터 반장을 꾸준히 맡아 올 정도로 성격이 좋았다. 공부도 잘하고 각종 대회에도 많이 나갔었다. 그 덕분에 자신감과 자존감이 꽤 높았었다. 그랬던 자존감이 좋아하던 여자애의 그 표정 한 방에 무너졌다.

살은 계속 찌기 시작했고, 사춘기에 접어들면서 얼굴에 여드름까지 나기 시작했다. 결정타는 좋아하던 그 친구가 내 뒤에서 내가 못생겼다고 헐뜯은 것이었다. 그나마 유지하고 있던 자존감이 사라졌다. 외모에 대한 자신감이 떨어지면서 이상한 경험도 했다. 어느 날, 집으로 돌아가고 있을 때였다. 지나가던 사람이 갑자기 이런 말을 했다.

"와! 진짜 못생겼다."

당황스러웠다. 그런 생각은 할 수 있겠지만 그걸 직접적으로 말하는 사람은 못 봤기 때문이다. 잘못 들은 거겠지. 아니면 다른 무언가를 보고 하는 소리일 거라 생각했다. 다시 길을 걷고 있는데 또 다른 사람들의 대화가 들려왔다.

"피부 진짜 더럽다."

"어떻게 저런 얼굴로 돌아다니지?"

이제부터는 당황스러운 정도가 아니었다. 무섭기까지 했다. 갑자기 사람들이 왜 이러나 싶었다. 무서운 마음에 집으로 뛰어갔다. 집에 들어온 후 거울을 보니 밖에서 들었던 모든 말들의 종합 판이 그 속에 있었다. 심지어 집에는 나 혼자밖에 없었는데 밖에서 사람들이 하던 말들이 생생하게 계속 들렸다. 환청이었다.

환청을 들은 후부터 외모 콤플렉스가 생기기 시작했다. 외향적이던 성격이 완전히 반대가 되었다. 내성적으로 변하면서 밖에서 사람을 만나는 게 두려웠다. 결국 대인기피증까지 생겼다. 뚱뚱한 데다 소심해지다 보니 학교에서도 일진들에게 괴롭힘을 당하기 시작했다. 주기적인 괴롭힘은 아니었지만 몇 번이고 위험한 상황도 있었다. 외모 콤플렉스에 대인기피증, 괴롭힘까지 당하면서 나는 청소년기에 지옥 같은 나날을 보냈다.

한번 뒤틀려 버린 성격은 다시 돌아오지 않았다. 스무 살이 되어서 일진들의 괴롭힘에서는 벗어났다. 그럼에도 불구하고 여전히 사람들이 두려웠다. 이를 극복하지 않으면 앞으로 다른 사람들 앞에 나서는 것 자체가 불가능할 것 같았다. 그때부터 콤플렉스 극복에 관한 책을 찾아보았다. 좋은 책은 많았지만 그 책의 주인공과 상황이 많이 달랐다. 그들은 대부분 사장님, 기업의 CEO, 사회적으로 성공한 사람들이었다.

하지만 책 속의 세상과 현실은 간극이 컸다. 그래서 나는 나만의 방법으로 극복하기로 마음먹었다. 상처를 주는 것에 정면으로 도전해 보기로 했다. 조금 무식한 방법이지만 많은 사람들 앞에 계속 나서는 방법을 택했다. 웅변 학원을 가자니 어린 학생들밖에 없을 것 같았다. 그 당시 지방에는 스피치를 교육하는 학원이 별로 없었기 때문에 그 방법도 쓸 수 없었다.

여러 고민을 거친 끝에 선택한 방법이 아르바이트였다. 그냥 아르바이트가 아닌 사회자 아르바이트였다. 아는 사람 몇 명 앞에서도 말을 못하는데, 모르는 사람 60명 앞에서 진행을 한다는 건 말도 안 되는 것이었다. 물론 쉽지는 않았다. 긴장을 너무 많이 하다 보니 무대 위에서 스트레스성 기절도 세 번 정도 겪었다. 끼도 없고 재능도 없다 보니 몇 번이고 그만두려고 했다. 그때마다 사회자 팀원들이 옆에서 도와줬다.

일할 때 말고도 평소에 같이 놀러 다니면서 그들과 친하게 지냈다. 그 덕분에 아이디어 회의도, 연습도 자연스럽게 하게 되었다. 실력은 늘지 않았지만 사람들이 좋아서 계속 같이 있었다. 쉽지 않았지만 사람들의 도움으로 계속 무대에 설 수 있었다. 그러다 보니 눈에 띄지는 않지만 점점 더 실력이 좋아졌다. 어느 순간부터 한 명의 몫을 해낼 수 있는 어엿한 사회자가 되어 있었다. 시간이 더 지나면서 인터넷에 후기가 올라오는 사회자가 되었다.

대인기피증에 외모 콤플렉스까지 겹쳐서 나는 다른 사람 앞에서 말도 못했었다. 하지만 그랬던 사람도 어떻게 하느냐에 따라 완전히 달라질 수 있다는 걸 몸으로 겪었다. 그 극복의 경험은 거기서 끝이 아니었다. 이 경험을 토대로 콤플렉스를 극복하도록 다른 사람들을 도와줄 수 있게 되었다. 지금도 상담을 통해 사람들을 돕고 있다. 앞으로도 여러 방법으로 도움을 줄 계획이다.

10

내 글을 쓰며
새로운 삶 경험하기

안영란 텍스타일 디자인제도사, 아마추어 페인터, 초보 농부

30년간 도시의 디자인 회사에서 근무하다 3년 전 시골로 이주해서 살고 있다. 수채화를 전시한 경험이 있으며 자연과 독서, 그림 그리기로 삶을 모색하고 있다. 현재 단편 글과 그림 작업을 하고 있으며 제2의 직업을 탐구 중이다.

처음 파주 '지혜의 숲'의 문을 열고 들어섰을 때 밀려온 감동과 놀라움은 시간이 날 때면 나의 발길을 그곳으로 향하게 했다. 천장까지 맞닿은 서가, 전면의 유리창 너머로 펼쳐진 자연스런 수풀과 나무들의 흔들림. 그 풍경이 쏟아져 들어온 실내의 정경은 나의 눈을 통과해 머리와 마음속 어디쯤에 영원히 박히고 말았다.

가만히 그 풍경 앞 의자에 앉아 햇살을 받으며 책을 펼치자 평온이 찾아왔다. 함께 왔던 마음의 소란이 어느새 조용히 제 갈 길로 간 것이다. 책상마다 앉아 있는 사람들. 굳이 책을 읽지 않아도 그 속에 앉아 있다 보면 그곳의 빛깔로 곧장 물들고 만다.

나는 혼자다. 책 앞에서 나는 항상 혼자다. 책이 내게 건네는 고요에 마음을 빼앗길 때 이곳은 더 이상 파주도 지구도 우주도 아니다. 나만의 요새다.

'지혜의 숲' 절반은 밤의 도서관이다. 유리창 너머 낮의 풍경이 떠난 자리에 떠오른 그림들. 제각기 자신의 궤도에서 빛나는 별이 된 사람들의 책 읽는 풍경. 여기가 또 다른 우주의 한 귀퉁이요, 중심이다. 이곳에선 의자가 티켓이고 어둠이 시간표다.

달이 떠오른 밤엔 창 너머로 달을 보며 이곳에서 책을 읽고 싶다. 때로 삶의 명암을 모른 채 윤곽만을 좇은 날엔 이곳으로 혼자 오자. 어디서든 막차에 몸을 싣고 오자. 삶의 환희와 의문을 담은 정신의 얇은 페이지도 가져오자. '지혜의 숲' 육중한 문을 열고 들어오자. 그러면 밤이 수수께끼의 가면을 벗고 그 문 앞에서 나를 반길 것이다. 요새의 수문장이 되어 미소를 보낼 것이다. 나는 내 앞의 밤의 도서관의 향기를 깊이깊이 들이마신다.

공간은 곧 생의 전부다. 내 머리 위로 쏟아지는 책들의 찬사를 받으며 걷는다. 책은 불가사의한 생명이다. 그 책들의 안식처에 온몸을 담그고 보낸 순간은 자신에게 주는 절대적 선물이다. 아무에게도 말하기 싫은 순간, 아무와도 나누기 싫은 느낌. 밤의 도서관에서 우리는 일정한 거리와 어둠을 공유한다.

지금 나는 그곳으로부터 5시간 넘는 거리에 떨어져 살고 있다.

물론 여기에도 도서관은 있다. 여름이면 시원한 에어컨이 켜 있고 사방에 펼쳐진 산등성이가 구름처럼 떠 있는 곳. 산허리를 돌아 산책길 끝에 있는 도서관. 하지만 왜일까? 나는 파주 '지혜의 숲' 그곳만이 나의 도서관 같다. 그곳에 가면 매번 낯선 흥분과 희열이 머리꼭지에 번개처럼 내리친다.

나는 내 심상에 새겨진 그곳의 풍경 속으로 오늘도 길을 떠난다. 그리고 어느 날, 나의 인생의 또 다른 어느 날 그곳 가까이에 둥지를 지으러 떠나고 싶다. 매일의 생활이, 지루한 하루들이 그 공간 속에서 유영하게 하고 싶다. 책을 읽기 싫은 날도 그곳에서 놀고 싶다. 비가 오는 날엔 비를 맞으며 가고, 눈이 오는 날엔 뜨거운 커피를 안고 가고, 햇살이 눈부신 날엔 눈을 감고 가고 싶다.

나의 바람이 이루어지는 날. 그날엔 조용히 혼자서 아침부터 다음 날 아침까지 그곳에 있고 싶다. 창가에서 책들의 노래 소리를 듣고 싶다. 기꺼이 이곳에서 늙고 싶다. 이 모습은 책을 사랑하는 모든 이들의 소망이리라. 또한 그곳에서 나만의 책을 쓸 수 있는 길을 찾는다면 이보다 더 멋진 인생이 있을까. 1년 전만 해도 나는 그저 책을 좋아해서 읽는 사람일 뿐이었다. 하지만 나는 이곳 산골 도서관에서 또 다른 책들을 만났다. 읽는 독자에서 쓰는 작가가 될 수 있는 길을 보여 준 김태광 대표 코치님의 책과 구체적 책 읽기의 여러 기술들을 아낌없이 펼쳐 보여 준 훌륭한 저자들의 저서를 읽었다. 그러다 점점 마음 안에 움트는 새로운 나를 느끼고 있다.

나는 오랫동안 혼자서 그림을 그려 왔다. 때로는 화실에서 짧은 수업도 받아 봤지만 그림 또한 그리 쉬운 세계는 아니다. 하지만 20년 전의 그림과 지금의 그림은 많이 달라져 있음을 느낄 수 있다. 좀 더 나은 방법으로 효율적인 수업을 받았다면 어쩌면 나의 그림 실력은 지금과는 또 다른 수준을 구축할 수 있지 않았을까.

나는 기술의 중요성에 나 자신에 대한 소견이 없었고 무관심했음을 깨달았다. 그리고 느린 속도로 그려 왔지만 지금까지 꾸준히 해 왔다는 사실을 얻게 되었다. 이것이 지금도 그림을 즐기고 그릴 수 있는 세계로 들어올 수 있는 길이었음을 알고 있다. 더불어 마음에 새싹이 올라오면 우린 관심과 애정으로 돌봐야 한다. 그리고 좋은 방법과 지름길을 찾는 노력도 같이 해야 한다.

나 자신을 포함해 길을 몰라 지레 포기하고 마는, 꿈을 가진 친구와 주변 사람들을 흔하게 보아 왔다. 목적 없이 좋아한다는 이유 하나로만 책을 대하던 나의 태도를 자각한다. 이런 변화의 실마리를 준 책들을 이제는 다른 시각으로 읽고자 한다. 좋아서 읽는 대상에서 삶의 질문과 구체적 해결 방법을 모색하는 대상으로.

또한 우연히 찾아온 이런 멋진 기회를 출발점 삼아 나의 책을 쓰고자 하는 소망도 가져 본다. 가고자 하는 그 길 어딘가에는 반드시 길과 함께 먼저 떠난 멋진 선배들이 있다. 그들을 만나자. 부지런한 발걸음으로 만나자. 떠나는 사람만이 만날 수 있다.

처음부터 쉬운 길은 없겠지만 꾸준한 발걸음으로 좋은 인솔자들을 따라 걷다 보면 어느 날엔 자신의 소망이 문 앞에 서 있지 않을까. 그리하여 내가 좋아하는 도서관의 수많은 멋진 책들 사이에서 나의 책을 만나는, 너무도 근사한 순간이 올 것이다. 그 순간을 위해 이제 행동해야 한다. 살아간다는 건 행동하는 것이다.

친구에게 동생에게 다른 사람 모두에게 도서관에 가서 놀기를 권해 본다. 그곳에 무엇이 있는지는 잘 모른다. 그 비밀은 스스로 찾아내야 하는 법. 어쩌면 사람마다 다를 것이다. 나도 이제 출발자에 불과하지만 어제와 다른 나로 바뀌었음을 안다. 어쩌면 이 순간 그 소망은 이미 이루어졌다! 왜냐하면 여기에서 나의 글을 쓰고 있으니까! 심장의 다른 박동을 느끼며 삶의 놀라움을 감지하는 순간이다.

매일의 사소한 일과 속에서, 영화에서는 절대 만날 수 없는 느림 속에서 목마르고 팔이 아프고 두통에 시달리는 직업의 압박을 받고 사는 와중이라면 도서관으로 가자. 그곳의 햇살과 공기와 바람 냄새를 맞이하러 가자. 밤공기가 신비한 책들의 신전으로 가자.

죽기 전에 꼭 하고 싶은 것들

11~20

김나영 이신혜
김석준 황준연
유지은 최정일
송유미 박미란
지성희 최성진

자연 속에
별장 한 채 갖기

김나영 상담사, 감정코칭 강연가, 그림책 테라피스트, 자기계발 작가

대학원에서 가족상담학을 전공했고, 그림책 테라피스트로 활동하고 있다. 현재 '서툰 감정을 알아 가는 것'을 주제로 개인저서를 집필 중이다.

가끔은 시골에서 한두 달쯤 살아 보고 싶다. 안식일, 안식월, 안식년 개념으로 그 기간을 시골에서 보내고도 싶다. 치열하고 바쁘게 사느라 서로에게 예민한, 이 복잡한 회색도시에서의 삶. 잠시라도 여기를 떠나 감정 정화를 하고 싶다.

나에겐 특이한 취미가 하나 있다. 눈을 감고, 온전히 소리에만 집중해 보는 시간을 갖는 것. 우리가 사는 세상을 좀 다른 방법으로 경험해 보는 것이다. 여러 감각으로 동시에 경험할 때와 달리, 한 가지 감각에만 집중해 보라. 그럼 그간 못 느껴 온 것들이 비로

소 느껴지기 시작한다. 눈을 감아 시각을 닫아 버리고, 청각에만 의지해 세상을 느껴 보는 것이다. 그럼 평소에 못 듣던 소리들까지 아주 세밀하게 다 들리기 시작한다. 한번 해 보면 '아! 이렇게나 많은 소리들을 내가 놓치고 살아왔구나!' 하는 걸 느낄 것이다. 도시에서보다 반드시 자연 속에서 해야 훨씬 효과가 크다.

내가 이 특이한 취미를 갖게 된 건 중학생 때다. 당시 수련회 프로그램 중 하루 동안의 묵언수행이 있었다. 그 묵언수행을 하던 날의 프로그램 중 하나가 바로 30분 동안 눈 감고 소리만 들어 보기였다. 모두가 묵언수행 중이라 사람의 소리라고는 들을 수 없는 그야말로 적막이었다. 그 적막 속에서 눈을 감고 30분을 있었다. 그제야 자연의 모든 소리가 하나하나 살아서 들리기 시작했다. 바람이 풀잎을 스치는 소리, 아주 작은 벌레들의 우는 소리, 아주 멀리서 들려오는 풍경소리….

'세상이 이렇게나 아름다운 곳이었구나' 하는 생각에 말할 수 없는 평화로움이 밀려왔다. 그때의 그 '안식'이 너무 좋았다. 그래서 그 후로도 계속 실천했고 이제는 취미가 되었다.

그런데 도시에서는 그 느낌이 나지 않았다. 도시에서는 눈을 감고 귀를 기울여 봐도 소음만 가득했다. '안식'보다는 '스트레스'에 가까운 소리가 많이 들려왔다. 사람들의 짜증 섞인 대화, 신경질적인 자동차 경적 소리, 끊임없이 나는 각종 기계 소음들…. 이런 도시에서는 어울리지 않는 취미인 것 같았다.

그래서인지 자연을 늘 동경해 왔다. 도시의 삶을 버리는 귀촌까지는 자신이 없어, 안식월에만 시골살이를 하면 좋겠다고 늘 꿈꿔왔었다. 시골살이, 자연 속의 삶! 사실 이건, 나만의 꿈은 아닐 테다. 복잡한 회색도시 안에서 살아가는 모든 현대인의 로망이기도 할 테다. 하지만 직업과 생활, 이 모든 게 연계되어 있는 도시를 떠나 귀촌을 결심하기란 모두에게 쉽지가 않다. 그래서 모두가 그저 꿈꾸기만 한다.

MBN의 시사교양프로그램 〈나는 자연인이다〉의 시청률이 꾸준히 증가세를 타고 있다. 방송 초기에는 혹여 폐지되려나 우려를 샀던 프로그램이라 한다. 허나 지금은 인기 프로그램, 효자 프로그램이란 별칭까지 붙었다고 한다. 많은 신문기사들은 그 프로그램의 인기 비결로 현대인들의 '자연에 대한 로망'을 꼽고 있다.

현대인들, 특히 중년들 대부분이 '자연 속에서의 삶'을 동경하고 있는 것이다. 나를 포함한 현대인들 모두가 원하는 건 콕 집어 '시골살이'만은 아닐 테다. 반드시 '시골, 도시' 이런 장소적 개념이 아닐 것이다. 현대사회 속에서 직급, 지위 등으로 규정지어진 나를 탈피하고 싶은 것일 게다. 자연 속에서 '있는 그대로의 진짜 나, 본래의 나'로 살고 싶은 것이다.

나 또한 그러한 이유로 시골살이를 원한다. 일과 생활이 도시와 연계되어 있어 완전한 귀촌은 불가하다. 그래서 생긴 나의 버킷리스트다. 내가 죽기 전에 꼭 하고 싶은 일 중의 하나. '자연 속에 별장 한 채 갖기!'

눈을 감고 귀를 기울일 때 인간이 만든 인위적 소리가 들리지 않는 곳. 자연의 소리들이 보존되어 있는 곳. 바로 그런 곳에 별장 한 채를 갖고 싶다. 그래서 내가 정한 안식일, 안식월엔 그 별장에서 생활하고 싶다. 본래의 나로 리셋하는 시간! 그간 치열하게 살아오느라 순간순간 놓쳐 왔던 '진짜 나'를 다시 깊이 만나는 시간! 온전히 자연과 나에게만 집중하는 시간!

나는 이 버킷리스트를 늘 생생하게 꿈꾸고 있다. 내 머릿속에서 세밀하게 디자인 중이다. 내가 살 자연의 풍경, 내가 지을 별장의 모습, 그 안에서 나와 내 가족이 노는 모습.

이제는 너무 흔해진 '워라밸'이란 신조어가 있다. 여유도, 삶도, 진짜 나도 잃은 채 '일, 일, 일'만 연속하는 현대인의 소망이 담긴 단어다. 내가 지은 자연 속 별장에서 눈을 감고 자연에 귀 기울이는 것. 이것이 내가 꿈꾸는 나의 워라밸이다. 잊고 살았던 자연의 소리에 귀 기울이다 보면, 본래 그 자연의 일부였던 '진짜 나'를 만나게 될 것이다!

12

'꿈'을 생각하게
만드는 강사 되기

이신혜 기업교육 강사, MC, 강연가

16세에 처음 공연장 MC로 무대에 선 후, 레크리에이션 강사를 거쳐 CS, 스피치, 리더십, 역량 강화 등 기업의 얼굴이 되고 뼈가 되는 교육을 진행하는 기업 교육 강사로 활동 중이다. 현재 '통쾌하게 이기는 커뮤니케이션 방법'을 주제로 개인저서를 집필 중이다.

• E-mail missshin01@naver.com   • C·P 010 3931 0568

나는 매주 새로운 사람을 만난다. 새로운 사람과 새로운 이야기, 새로운 시각을 듣고 보고 경험한다. 시간이 지나갈수록 새롭게 만난 사람들과의 이야기가 풍성해진다. 만나 보지 못한 다른 누군가의 이야기를 말로 전달해 또 다른 누군가에게 울림을 줄 수 있다는 것은 늘 신기한 일이다.

내 직업은 교육 강사다. 누군가에겐 고객에게 최상의 서비스를 제공할 수 있는 팁을 전달하기도 한다. 그리고 누군가에겐 각자의 인생에 모토가 되어 줄 수 있는 동기부여를 해 주기도 한다. 언젠가는 나 스스로를 돋보이게 만들 수 있는 방법을 알려 주는가 하면, 또 언젠가는 은퇴 후의 미래를 함께 그려 보기도 한다. 참 신기한 것은 어떤 주제의 교육이든 결국 결론은 '꿈'이라는 것이다. 은퇴 후 성공한 치킨집 사장님, 대기업의 정규직 사원, 판매왕 보험설계사까지 참 다양한 꿈이 있다. 그리고 나를 만난 수많은 사람들이 본인도 모르는 사이에 본인의 꿈에 점점 다가간다. '꿈'에는 놀랍도록 대단한 힘이 있다.

'꿈'이라는 단어는 사실 조금 유치하게 느껴지기도 한다. 현실에 치이고 지치며 '꿈'이라는 것을 무언가 거창하고 어쩌면 나와는 상관없는 것이라고 생각했던 것도 같다. 아주 어린 시절의 '꿈'이 '장래희망'으로 바뀌고 '목표', '야망', '현실'로 바뀌었다. 그러는 사이 '꿈'에다 나도 모르게 '막연한 꿈', '이룰 수 없는 꿈', '꿈처럼 사라지다'처럼 쓸데없는 부연설명을 붙여 왔던 것 같다.

최근 나뿐만 아니라 많은 사람들의 관심사인 '버킷리스트'가 바로 죽기 전에 꼭 하고 싶은 일, 쉽게 말해 구체적으로 실현 가능한 꿈을 적어 놓은 목록이다. 그런데 아이러니하게도 버킷리스트를 적어 보라면 끝없이 적었던 사람들이 '꿈'을 적어 보라고 하면 단 한 줄도 쓰기 어려워한다. 바로 나처럼 부연설명을 붙여 왔기 때문이다. '꿈'이 '취업을 희망하는 회사'가 되고 '승진'이 되고 '내 인생과 상관없는 일'이 되어 버린다는 것은 조금 씁쓸하다.

생각해 보면 어린 시절부터 참 많은 꿈을 가지고 살아왔다. 유치원에 다닐 때는 내가 나중에 미스코리아가 될 수 있을 것이라고 생각했다. 초등학교에 입학해서는 한참 갈릴레오 갈릴레이의 이야기에 빠졌다. 그러곤 과학고에 입학해 천문학자가 되리라 마음먹었다. 물론 공부와 도무지 친해질 기미가 보이지 않아 포기했다.

그리고 우연한 경험을 통해 수많은 사람들 앞에서 이야기하는 사람이 되고 싶다는 꿈을 가졌다. '강사'라는 직업을 통해 그 꿈을 이룬 후 나는 더 이상 꿈에 대해 생각해 보지 않았다. 고등학교 진로 탐색 교육을 준비하며 지인들에게 꿈을 물어본 일이 있다. 그들의 답변은 정말 의외였다. 가족여행, 악기 공부, 남자친구 만들기 등 한 번도 '꿈'이라고 생각해 본 적이 없는 일상적인 일들이었다. 그때 깨달았다. '아, 이런 일상적이고 소소한 것이 바로 인생에 활력을 주는 '꿈'이구나. 꿈이 없었던 것이 아니라 내가 나의 꿈을 모르고 있었구나….' 그래서 나는 '꿈'을 '꿈' 자체로 다시 생각해 보기로 했다.

나는 어제도 꿈이 있었다. 동료들과 회현동에 있는 순댓국 맛집에서 식사하는 것이 어제의 내 꿈이었다. 한 그릇 든든하게 비우고 나오면서 나는 참 뿌듯하고 행복했다. 그리고 최근의 꿈은 올해 안에 날씬해지는 것이다. 그렇게 3킬로그램이나 몸무게가 줄어들었다. 조금씩 꿈에 가까워지는 것 같아 아주 설레는 마음으로 하루하루를 보낸다.

누구나 해야 할 일과 하고 싶은 일을 목표로 삼지만 그것을 '꿈'

이라고 생각하는 사람은 드물다. 하지만 실현 가능한 작은 일들을 '꿈'으로 인식할 때 성취감은 배가 된다. 그러면 인생의 만족도도 200%, 300% 올라갈 것이다. 요즘 많이들 이야기하는 소확행(일상에서 느낄 수 있는 작지만 확실하게 실현 가능한 행복)이다. '꿈'의 대단한 힘이 바로 이것이다.

한 여성인력개발센터에서 교육이 있던 날이었다. 교육생의 평균 연령은 50대였다. 당시 나는 교육의 경험이 많지 않았던 20대 초반이었다. 그런 내가 50대의 교육생들을 상대로 '목표 수립과 동기 부여'를 이야기하자니 다소 민망했던 것으로 기억한다. 새로운 일을 하기 위해 교육과정을 수료 중이던 분들이었기 때문에 최근의 가장 큰 고민에 대해 여쭤 보았다. 상당히 많은 분들이 "새로운 시작이 겁난다."라고 이야기했다. 그럼에도 불구하고 도전하는 이유에 대해 묻자 한 선생님이 이렇게 말씀하셨다.

"딸이 임신을 했다. 아이가 태어나기 전에 베이비시터 과정을 수료하고 싶다. 그래서 아이가 태어났을 때 '전문가 할머니'가 되는 것이 꿈이다. 겁은 나지만 이 모든 과정이 즐겁다."

내 눈엔 이 이야기를 하는 선생님의 모습이 바로 며칠 전 무엇이든 할 수 있고, 될 수 있다고 눈을 반짝이며 이야기하던 스무 살 청년들처럼 보였다. '전문가 할머니'라는 꿈이 그분의 인생에 동기부여가 되고, 목표가 되며, 생기를 불어넣어 주고 있었다.

정말 신기한 것은 그분의 꿈 이야기를 듣고 있던 다른 분들의 눈빛도 똑같이 스무 살 청년으로 돌아갔다는 것이다. 공부 중인 과정을 수료하면 모두 꿈을 이룬 거니까 다 함께 모여서 축하주를 한잔하자고 했다. 하하 호호 웃으며 정말 즐거워 보였다. 수료 중인 과정은 다르지만 자신이 그 과정을 신청하게 된 이유를 생각하며 모두 같은 마음이 된 것 같다.

'꿈' 이야기는 조금 유치할 수도 있지만 이렇게 중독성도 전염성도 강하다. 마음속에 가둬 두었지만 어제의 내가 순댓국을 먹고 행복해한 것처럼 작은 것이라도 모두가 하나쯤은 가지고 있기 때문이다. 내가 만나는 모든 사람들의 마음속에서 크고 작은 '이것'을 꺼내 주는 아주 특별한 일을 하고 있다는 생각에 기분이 좋았다.

나는 죽기 전에, 그리고 죽는 순간까지 '꿈'이 있는 사람, '꿈'을 생각하게 만드는 강사이고 싶다. 내가 강단에 섰을 때 나와 함께하는 시간이 1시간이 채 되지 않을 수도 있다. 그렇다 해도 그 꿈을 생각하며 1시간의 설렘이 하루가 되고 이틀, 3일, 1년이 될 수도 있지 않을까 기대한다. 그래서 척박한 세상이 아주 조금은 걷기 편해졌으면 좋겠다.

작은 꿈으로 인해 오늘 하루가 행복하고 내일이 행복하고 그다음 날이 행복하다면 죽는 그 순간까지 매일이 행복하지 않을까? 아무리 힘든 일이 생겨도 다음 날의 꿈이 희망을 주고 극복할 원

동력이 된다면 그보다 좋은 것이 또 있을까? 죽는 그 순간에도, 다음 생에 내가 키 170센티미터, 몸무게 45킬로그램의 늘씬한 미녀로 태어나서 오직 나만의 전세기를 타고 해외여행을 즐기는 꿈을 꾼다면 조금은 더 행복하지 않을까?

죽기 전에 꼭 하고 싶은 것들

13

웨딩박람회에
'내 집 마련' 부스 만들어 코칭하기

김석준 내 집 마련 코치, 자기계발 작가, 동기부여가

전세대출을 받아서 신혼생활을 시작했다. 지독한 절약과 부동산 공부를 통해 2년 만에 전세대출을 모두 갚고 서울의 아파트 마련에 성공했다. 그 기간 동안 습득한 지식, 노하우와 경험을 나눔으로써 내 집 마련 코치로 활동하고 있다. 현재 내 집 마련을 주제로 개인저서를 집필 중이다.

• E-mail treasurecompany@naver.com
• C-P 010 3477 1639

• Blog blog.naver.com/treasurecompany
• Instagram my_home_plan_

결혼은 축복해야 할 일이다. 두 사람이 만나서 하나의 가정을 만드는 일이기 때문이다. 결혼식을 생각하면 아직도 설렌다. 그리고 결혼 후에는 동화의 결말처럼 평생 행복하게 살 것 같았다. 설레는 마음으로 결혼식을 준비했다. 결혼식을 준비하면서 결혼식장, 웨딩 드레스, 신혼여행 등 준비해야 할 것들이 생각보다 많음을 알게 되었다.

그러다가 웨딩박람회를 한다는 광고를 봤다. 웨딩박람회에 가서 정보를 얻기로 했다. 결혼 준비에 대해서 알아볼 것도 많고 모르는 것도 많았기 때문이다. 그래서 웨딩박람회 참여를 신청했다. 그리고

아내의 손을 잡고 들뜬 마음으로 웨딩박람회장을 찾았다. 하지만 필요한 정보는 못 얻고 이런저런 계약서만 손에 들고 웨딩박람회장을 나왔다.

내가 결혼 전에 웨딩박람회를 갔던 경험담이다. 박람회장은 호텔과 같은 멋진 곳이었다. 그곳에는 많은 부스가 있었다. 많은 예비부부들이 있었다. 스튜디오, 드레스, 메이크업, 한복, 예단, 보석과 같은 상품을 파는 부스들이 많았다. 웨딩박람회는 많은 정보가 있는 곳이 아니었다. 많은 상품들이 있을 뿐이었다. 부스를 지나다가 조금이라도 관심을 보이면 앉아서 상담만 받아 보라고 손짓했다. 상담을 받고 있으면 대부분 부스에서 제공하는 상품이나 서비스를 설명했다. 아무도 우리가 어떻게 결혼해야 하는지, 결혼 후 어떻게 살아야 하는지 알려 주지 않았다.

상담을 가장한 상품 설명이 끝날 때쯤 계약서를 내밀었다. 많은 혜택이 있으니 지금 계약을 하라는 것이다. 지금 계약하고 언제 결혼하든지 계약서를 가지고 오라고 했다. 그 계약서에 적혀 있는 금액으로 상품을 주겠다고 했다. 그래도 망설이면 비장의 카드가 나왔다. '지금 계약하시면 10만 원 상당 사은품도 드릴게요.' 이런 이야기들로 결국엔 계약을 이끌어 냈다. 내가 웨딩박람회에서 받은 느낌은 모든 부스가 매출을 올리는 데 혈안이 되어 있다는 것이었다. 신혼부부에게 도움이 되는 시스템이 아니었다. 신혼부부가 그들에게 도움이 되었을 뿐이다.

　신혼부부에게 필요한 것은 럭셔리한 스튜디오, 신상 드레스, 화려한 메이크업이 아니다. 이것들은 신혼부부가 결혼 후 미래를 준비하는 데 아무런 도움이 되지 않는다. 결혼식에 투자하는 것이 나쁘다는 것은 아니다. 다만 신혼부부에게 어떻게든 돈을 쓰게 만드는 웨딩박람회의 행태가 나쁘다는 것이다. 결혼식 날은 신랑 신부가 평생을 함께하는 첫날이다. 그리고 많은 사람들 앞에서 그 약속을 하는 날이다. 이렇게 아름다운 날을 축하하는 것은 당연하다.

　하지만 결혼생활이 결혼식으로 끝나는 것은 아니다. 결혼식 후에 진정한 결혼생활이 시작된다. 하지만 대부분의 신혼부부는 결혼하고 어떻게 살아야 하는지에 대한 대비가 없다. 연애 때 좋았던 감정이 평생 유지될 것이라 생각한다. 하지만 결혼은 부부가 함께 연애할 때의 환상에서 벗어나 현실을 마주하는 것이다. 그래서 계획을 세우고 미래를 준비해야 한다. 부부가 함께 목표를 세우고 노력해야 한다.

　하지만 대부분의 실상은 그렇지 않다. 결혼 후 맞벌이를 해도 여전히 서로의 급여가 얼마인지 모르는 부부가 많다. 각자의 급여를 따로 관리한다. 그리고 공동 생활비 명목으로 매달 정해진 금액을 낸다. 그것 말고는 얼마를 개인 용돈으로 쓰고 얼마를 모으는지 모르는 부부도 상당히 있다. 서로 다른 미래를 그리는 부부도 많다.

나는 아내와 모든 것을 공유했다. 결혼 전부터 내 급여가 얼마인지 공개했고 아내도 급여를 공개했다. 그렇게 우리는 우리 가정의 수입을 파악했다. 그리고 매년 모으고자 하는 목표를 정했다. 먼저 그 목표에 해당하는 돈을 적금으로 부었다. 그리고 나머지 돈을 각자의 용돈과 공동 생활비로 나누었다. 그렇게 우리는 1년에 4,000만 원씩 모았다.

그리고 내 집 마련을 목표로 정했다. 내 집 마련을 언제 할지 정했다. 그때까지 우리가 모을 수 있는 돈이 얼마인지 정했다. 그리고 어떤 집을 살지 정했다. 이렇게 하나씩 공동의 목표를 정하고 함께 노력했다. 기쁨은 나누면 배가 되었고, 슬픔은 나누면 반이 되었다. 그리고 어려움은 나누니 용기가 되었다.

아내와 나는 같이 임장을 다니면서 많은 부동산을 봤다. 그리고 어떤 곳이 더 마음에 드는지 대화했다. 이렇게 목표를 이루기 위해 같이 노력하면서 부부 사이는 더욱 돈독해졌다. 그리고 노력 끝에 내 집 마련에 성공했다.

신혼부부들에게 필요한 것은 화려한 결혼식을 위한 상품들이 아니라고 생각한다. 결혼 후에 미래를 준비할 수 있는 정보가 필요하다. 나는 웨딩박람회에 '신혼부부 내 집 마련 코칭' 부스를 만들 것이다. 그리고 웨딩박람회를 찾은 신혼부부들에게 정말 필요한 것을 알려 줄 것이다. 결혼 후 지출을 줄이는 방법을 코칭할 것이다.

내 집을 마련할 수 있도록 마인드를 바꿔 줄 것이다. 그리고 서로가 급여를 공개하고 재무 상태를 파악할 수 있는 방법을 알려 줄 것이다. 마지막으로 어떻게 내 집을 마련할 수 있는지 노하우를 모두 알려 줄 것이다. 내 코칭으로 많은 신혼부부의 미래가 달라질 것이다.

신혼부부들이 내 집 마련을 통해서 행복한 미래를 준비하도록 할 것이다. 웨딩박람회에서 진짜 필요한 것은 하루의 결혼식을 위한 화려한 드레스, 메이크업이 아니다. 화려한 미래를 준비할 수 있는 내 집 마련 코칭이 필요하다. 나는 꼭 웨딩박람회에 부스를 만들어 신혼부부들이 행복한 결혼생활을 할 수 있도록 하겠다. 나에게 코칭받은 모든 신혼부부가 내 집 마련에 성공할 수 있도록 할 것이다.

14

책 쓰기를 통해
많은 사람들에게 희망 주기

황준연 1인 지식창업가, 독서 컨설턴트, 동기부여가

제주도에서 학습지, 학원 강사로 일했다. N포 세대 평범한 직장인에서 책을 만나고 인생이 달라졌다. '선한 영향력'을 펼치고자 동기부여, 독서 코칭, 블로그 마케팅을 주제로 지식을 전하고 있다. 자기계발 작가이자 동기부여가라는 가슴 뛰는 삶을 꿈꾸고 있다. 육지를 오가며 인생 2막을 준비 중이며, 현재 '독서습관'을 주제로 개인저서를 집필 중이다.

• Blog blog.naver.com/huang1234   • C·P 010 7651 0117
• Instagram huangjunyeon

2015년 이후 한국에서 단골로 나온 뉴스가 있다. 바로 'N포 세대'다. 가장 찬란하고 아름다워야 할 20~30대의 청년들이 사회와 경제적인 압박으로 인해 연애, 결혼, 출산, 내 집 마련, 인간관계를 포기한다. 심지어 꿈과 희망까지 포기하고 있다. 현실의 벽이 너무 높기 때문이다. 요새는 20대의 20% 정도가 결혼을 안 하는 '비혼주의자'로 살아간다.

그렇다. 내가 바로 'N포 세대'다. 심지어 나는 고등학교 때부터 자취하면서 혼자 생계를 이어 가야 했다. 빚을 내며 대학교에 다녀 봐도 아무 희망이 보이지 않는다. 그래서 과감히 자퇴하고 방세와

식비를 벌기 위해 일해야 한다. 쌀을 살 돈이 없어 3일째 굶고 있는 나에게 희망이 있을까?

많은 것을 바라지는 않았다. 평범하게 대학교를 졸업하고 평범한 회사에 취업해 평범하게 착한 여자친구를 만나서 연애하고 싶었다. 그러다가 결혼해 아기를 낳고 그 아이를 키우면서 살고 싶었다. 하지만 나는 첫 단추부터 잘못 끼워진 인생을 살았다. 부모님은 이혼했고, 새아버지가 셋이나 있었으며, 새어머니도 있었다.

내 주위 친구들은 내가 잘 웃고 다녀서 우리 집이 행복한 가정인 줄만 알고 있다. 하지만 그때 슬펐다는 기억은 크게 없다. 기억 자체가 별로 없다. 상담사는 아마 '기억을 조작하는 것 같다'라고 이야기한다. 아무럼 어떤가. 어차피 나는 이전처럼 또 오늘같이 혼자 살아갈 텐데 말이다. 그때 나에게 강헌구 작가의 《가슴 뛰는 삶》이 왔다. 아니 정확하게는 하나의 이야기가 나에게 왔다. 호박벌 이야기였다. 그 이야기를 잠깐 해 보고 싶다.

"세상의 벌 중에 가장 일찍 일어나고 가장 늦게 잠을 자는 벌이 있습니다. 1초당 250번의 날갯짓을 하고, 하루 200킬로미터 이상 날아다니는 벌. 일주일이면 서울에서 부산까지 두 번이나 왕복하는 셈이죠. 크고 통통한 몸에 비해 아주 작은 날개를 가진 '호박벌'. 과학자들은 호박벌이 공중에 떠 있는 자체가 신기하고 놀라운 일이라고 합니다. 호박벌은 자신이 날 수 없다는 것을 인식하지 못하고 오직 꿀을 얻기 위해 더 많이 더 빨리 날갯짓을 하다 보니 자연스럽게 날개 안쪽의 비상근이 발달해 날아다닐 수 있게 되었다고 합니다. 꿀을 얻으려는 호박벌의 간절한 꿈과 노력이 하늘을 날아다니는 기적을 이루게 해 준 것이죠."

이 이야기를 읽고는 나에게 알 수 없는 힘이 생겼다. '불가능한 일도 끊임없이 노력하면 이룰 수 있구나'라는 걸 깨닫고는 꿈을 찾기 시작했다. 나는 그때는 생소한 개념이었던 '동기부여가'를 꿈꾸며 살기로 했다. 자살을 생각하던, 아무 희망이 없던 내가 책 속에 담긴 이야기 하나에 마음 자체가 바뀌었다. 그런 것처럼 남에게 희망을 주고 동기부여를 해 주고 싶다는 강한 열망이 생겼다. 책 제목처럼 '가슴 뛰는 삶'을 살고 싶었다. 그렇게 외치자 정말 가슴이 뜨거워지고 하고 싶은 일이 마구 생겨나서 주체할 수 없었다.

그때부터 나는 주위 사람들에게 선포하고 다녔다. "저 작가가 되고 싶습니다. 제 삶을 나누고 싶습니다." 나는 "이런 저도 살아가는데, 희망을 품고 살아가세요."라는 메시지를 전하고 싶었다. 하지만 겨우 고졸인 내가 글을 쓰기는 쉽지 않았다. 그리고 무엇보다 하루하루 살아가기도 벅찼다.

그래서 일단은 현실을 직시하기로 했다. 그렇다면 내가 할 수 있는 것은 무엇일까? 일단은 아르바이트를 해야 했다. 다행히 학교도 안 다니는 중이었기 때문에 시간은 괜찮았다. 그러고는 또 무엇을 하면 좋을까? 당장 나 살기도 바쁘지만, 봉사하고 싶었다. 하지만 일요일에는 온종일 교회에 있었고, 토요일에는 생계 때문에 일을 해야 했다. 때문에 봉사할 시간이 없었다. 그래서 선택한 것이 '헌혈'이었다.

'사람을 살리는 헌혈'이라는 문구를 봤을 때 나는 내가 해야 할 일임을 직감했다. 간호사가 전해 준 "선생님. 헌혈 여섯 번만 하면 한 사람이 살아납니다."라는 메시지에 지금도 꾸준히 헌혈하고 있다. 최근에는 200회를 달성했다. 그러면서 공부도 게을리하지 않았다.

영어를 곧잘 한다는 말을 들었기 때문에 영어학원에서 일하며 통역사와 번역가를 준비했다. 프리랜서로 일하면서 자유 시간에는 남을 위한 시간을 가지고 싶었기 때문이다. 그때 내가 맡은 친구들도 결손 가정이 많았기 때문에 그들에게 밥을 사 주거나 같이 많은 시간을 보냈다. 당시 나는 내가 누군가를 가르치는 것을 참 좋아한다는 것을 깨달았다. 그러고는 교육대학원에 가고 싶었다. 하지만 학비에 좌절하고는 스물일곱 살이라는 늦은 나이에 군대에 가게 되었다.

어려운 시절에도 내가 놓지 않은 것이 있다. 바로 책이었다. 책에 나오는 호박벌과 같은 사례를 모조리 모아 주위 사람들에게 이야기해 주었다. 그리하여 절망하고 있던 사람이 다시 힘을 낼 때의 행복감은 이루 말할 수 없었다. 책이 나에게 준 희망을 남에게도 이렇게 줄 수 있다는 것은 행복 그 자체였다.

그런 행복감이 가장 와 닿았던 곳이 바로 군대였다. 단지 나이가 많아서였지만, 군대에서도 상담병을 하게 되었다. 이때는 상담 관련 책을 읽으며 최대한 많은 이야기를 들어 주었다. 후임들도 비슷한 나이가 아니라 다섯 살이나 차이가 나는 만큼 나에게 스스럼없이 모든 이야기를 해 주었다.

그중 특히 한 명이 기억난다. 그 친구는 다음 날 자살할 계획까지 이미 세워 둔 상태였다. 하지만 나와 이야기하면서 눈물을 머금고 자신의 어려움을 고백했다. 이 친구뿐만 아니라 3명의 친구가 마음을 고쳐먹고 새로운 삶을 살았다. 나는 단지 책이 말하는 대로 듣기만 했을 뿐인데 모든 문제가 해결되었다. 책이 아니었다면 그 친구들뿐만 아니라 나의 유명까지 달라지지 않았을까 생각해 본다.

나는 대학을 졸업하지 못했다. 그래서 사회에서 환영받지 못했다. '고졸도 괜찮다'라는 생각은 나만의 생각일 뿐이었다. 그래서 스물아홉 살의 늦은 나이에 한국어 교육 전공으로 사이버대학을 다니게 되었다. 그리고 꿈꾸던 통·번역 자격증도 갖게 되었다. 최근에는 영상 번역도 시작했다.

하지만 항상 마음에 갈증이 있었다. 잘 생각해 보니 예전부터 그렇게 하고 싶었던 글쓰기를 못하고 있었다. 그래서 책 쓰기와 관련된 책을 보며 꿈을 키워 가고 있다. 내가 죽기 전에 꼭 이루고 싶은 것이 바로 책 쓰기이니까 말이다. 나는 나의 이야기로 다른 사람들에게 희망을 주고 싶다. 그런 나에게 주위 사람들은 "책은 아무나 쓰는 게 아니야. 네가 무슨 책을 쓸 수 있겠냐."라며 핀잔을 준다.

하지만 나는 이전부터 꿈꿔 왔던 거의 모든 것을 이루며 살고 있다. 속도는 다른 사람들보다 조금 느렸지만, 나는 지금 누구보다 행복하다. 'N포 세대', '헬조선'이라고들 하지만, 나는 아직 포기하지 않았다. 날 수 없는 호박벌은 오히려 더 빠르게 날갯짓을 하며 하루에도 200킬로미터나 날아다닌다. 나도 호박벌처럼 더 빠르게 날갯짓을 할 것이다. 그리고 내 이야기를 꼭 다른 사람들에게 전하고 싶다. 20대의 내가 그렇게 했던 것처럼.

15

북 카페 창업하고
프랜차이즈화해 부자 되기

유지은 **책 쓰는 3남매 엄마 작가, 부모육아 코치, 긍정 메신저, 자기계발 작가, 동기부여가**

아이와 함께 커 가고 있는 모든 엄마들에게 꿈과 희망을 전하는 세 아이 엄마 작가다. 부모교육 전문가 자격증을 보유하고 있으며 저서로는 《되고 싶고 하고 싶고 갖고 싶은 40가지》가 있다. 현재 개인저서를 준비 중이다.

• E-mail ibmse@naver.com

나에게도 버킷리스트가 있다. 아파트로 이사하기, 예쁘게 결혼식 올리기, 예쁜 아들딸 낳기, 유럽여행 가기, 월 1,000만 원 벌기 등등. 평범한 것부터 앞으로 이뤄 나가야 할 것들까지 다양하다. 현재 이룬 것도 있지만 앞으로 이뤄야 할 것이 더 많기 때문에 하루하루가 신나고 행복하다.

나는 남들보다 일찍 결혼했다. 그리고 일찍 아이들을 낳다 보니 꿈이란 게 없었다. 그러다 〈한책협〉이란 카페를 알게 되었다. 자주 들어가서 보니 좋은 정보도 많을뿐더러 나에게 자극도 되었다. 꿈 없이 아이만 키워 오던 나는 새삼 '나는 무엇을 하고 싶어 하던 아

이였지?'라고 되뇌게 되었다. '하루하루 행복하게 사는 거. 평범하게
만 살면 되지 뭐.' 나름 그게 꿈이라면 꿈이었다.

어느 날, 나도 버킷리스트를 작성해 보았다. 작성하고 보니 남들
보다 빨리 이룬 것도 있어 나름 뿌듯하기도 했다. 그런데 진짜 내
가 하고 싶은 건 뭘까? 생각해 보니 커피를 좋아하는 나는 커피숍
CEO가 그렇게도 되고 싶었다. 아이를 낳고 살다 보니 까마득히 잊
어버린 꿈이었다. 그리고 내 마음속 한구석에서는 '나는 할 수 없
어. 내가 그걸 어떻게 해!'라는 부정적인 생각이 똬리를 틀고 있었
는지도 모른다. 그래서 애써 내 꿈을 밀어내고 있었는지도.

한 번에 이루어지는 꿈이 어디 있겠는가! '지금 당장은 어렵겠
지만, 이룰 수 있게 하나씩 축적해 나가 보자!'라고 마인드를 긍정
적으로 바꿔 보았다. 그리고 〈한책협〉을 통해 다시 한 번 마음을
다잡을 수 있었다. 그래서 지금은 바리스타 자격증을 준비하고 있
다. 또한 SNS 마케팅 전문가 자격증도 준비하고 있다. 실전 준비를
위해 커피숍 알바도 해 보고 말이다.

그렇게 나는 이미 나의 꿈을 이룬 것처럼 인테리어 구상까지 다
해 놓았다. 1호점을 차리면 지역구마다 분점을 두고 많은 분들이
아늑한 공간에서 지식도 얻고, 편하게 차도 마실 수 있게 하고 싶
다. 또한 한 번씩 작은 강연회도 열리는 그런 멋진 공간, 멋진 나만
의 프랜차이즈 커피숍을 만들고 싶다. 그것이 내가 죽기 전에 꼭 하

고 싶은 것 중의 하나다! 당연히 책까지 펴낸 작가로서 말이다.

내 주위만 보아도 아이를 키우며 우울증을 겪고, 매번 부정적으로만 생각하고 말하는 엄마들이 많다. 긍정적으로 좋게 생각하라고 해도 본인이 변하지 않으면 평생 그렇게 우울하게 살게 된다. 그걸 알면서도 변할 생각은 없어 보인다.

대한민국에서는 20~30대 여자들이 열심히 일하면 '멋지다!', '돈 많이 벌겠네!'라고 생각한다. 여기에 더해 남자들이 맞벌이할 수 있는 여자와 결혼하고 싶어 한다는 통계도 있다. 5명 중에 3명 정도가 말이다.

나는 '남자가 원하니까 일해야지'라고 생각하지 않는다. 다만, 여자도 자신만의 일이 필요하다고 생각한다. 살림만이라도 일의 한 부분이라는 자부심을 갖는다면 우울증은 오지 않을 것이라고 생각한다. 대부분의 가정주부들은 24시간을 아이와 붙어 있으면서 아이하고만 대화한다. 살림은 해도 티도 안 나니 스트레스를 안 받을 수 없다. 그래도 그 안에서 스트레스 안 받는 법을 터득해 즐겁게 보냈으면 좋겠다.

나에게도 스트레스가 왜 없겠는가. 일찍 결혼한 만큼 아이도 일찍 낳았다. 지금은 세 아이의 엄마다. 큰아이 학부모 모임에 가게 되면 제일 젊은 엄마이긴 하다. 처음에는 그게 싫어 한두 번 나가고는 나가지 않았다. 그때는 친구들과도 소통하지 않았다. 모두 대학생 시절을 보낼 때 나는 아이를 키우고 있으니 부끄럽고 왠지 싫었던 것 같다.

그러나 지금의 나는 사랑스러운 세 아이 모두 건강하게 출산하고, 거기에다 딸 둘, 아들 하나이니 200점 엄마에 멋진 신랑도 있다. 지금 결혼하는 친구들보다는 어느 정도 자리도 잡았다. 그래서인지 무엇을 하건 성공할 수 있을 거라는 확신도 있다.

이제 막 결혼을 생각하는 친구들은 결혼식 준비부터 자녀 임신, 출산까지 많은 고민을 한다. 그런 친구들을 보면 나는 나름 뿌듯하다. 일찍 결혼한 것을 나쁘게만 생각했던 옛날이 부끄럽고 창피하다. 그때 내가 생각을 바꾸어 하루하루 즐겁게 발전해 나갔다면 지금보다 더 나은 오늘이 되지 않았을까 가만히 생각해 본다.

지금의 내 얘기를 듣고 누군가는 "네가 무슨 카페를 창업해?", "커피숍 CEO는 아무나 되는 줄 아니?"라고 나를 무시할 수도 있을 것이다. 하지만 포기하고 싶을 때 일어설 수 있는 법! 지금이 그때가 아닌가 싶다. 비록 지금은 아무것도 없지만 간절함이 성공을 부른다는 말이 있듯이. 절박함이야말로 사람을 키우는 자양분이란 말이 있듯이.

아내로서 엄마로서의 나도 있다. 하지만 나에겐 나 자신이 꼭 하고 싶은 것을 이룰 권리도 있다. 그렇게 이해하니 지금의 나에겐 아무것도 들리지 않는다. 앞으로 전진하며 내 꿈을 향해 하고 싶은 것을 이뤄 나갈 생각뿐이다. 지금부터 노력 없이 살아간다면 내 소원은 이루어질 수 없을 것이다. 하지만 난 변할 것이고 이뤄 나갈 것이다. 열심히 최선을 다해!

16

8체질 전문 통합의학 병원인
로사병원 만들기

최정일 **수정한의원 원장, 대한팔체질의학연구회 부회장, 〈희망나눔연구소〉 소장**

수정한의원 원장으로, 대한팔체질의학연구회 부회장과 〈희망나눔연구소〉 소장으로 활동하고 있다. 24년간 난치성 만성통증질환
과 자가면역질환을 전문으로 치료하는 8체질 전문 한의원을 운영하며 난치성 질환 환자들에게 희망과 건강을 주는 일을 하고 있
다. 현재 8체질과 음식을 주제로 개인저서를 집필 중이다.

• C·P 010 5414 2046

나는 대전에서 4남매 중 막내로 태어났다. 내가 여섯 살 때 아
버지는 간암으로 돌아가셨다. 아버지의 오랜 투병생활로 인해 집안
은 모든 재산이 바닥났다. 홀로 남으신 어머니께서는 희생과 사랑
으로 지독한 가난을 극복하며 어린 4남매를 돌보셨다.

초등학교 3학년 때 나는 큰 수술을 받았다. 오래 서 있거나 걷
다 보면 허리가 힘없이 구부러지면서 배가 조금씩 아파 오기 시작
했다. 운동을 워낙 좋아했던 나는 철봉에서 떨어져서 조금 아픈 것
이라고 생각했다. '조금 있으면 낫겠지' 하고 참았다. 하지만 오랜

시간이 지나도 낫지 않아 병원에 갔다. 병원에서는 입원해서 수술을 받아야 한다는 진단을 내렸다. 결핵으로 척추가 녹아내리고 복부에 고름주머니가 크게 생겼다는 것이었다. 결국 갈비뼈를 잘라 척추를 만들어 세우고 고름주머니를 없애는 대수술을 받았다.

가난했던 시절인지라 어머니는 수술비가 부족해 걱정하셨다. 그런 어머니에게 손승헌 정형외과 원장 선생님은 너무 걱정 말라며 도움을 주셨다. 나는 무사히 수술을 마치게 되었다. 이때부터 나는 내 인생의 진로를 정하게 되었다. 의사가 되어 많은 사람들에게 도움을 주는 사람이 되겠다는 다짐을 한 것이다.

의사가 되겠다는 꿈과 힘들게 4남매를 키우시는 어머니를 기쁘게 해 드리겠다는 생각으로 열심히 공부했다. 장학금도 받아 가며 학창 시절을 보냈다. 고등학교를 졸업할 때까지 매년 새 학기에 제출하는 자기소개서의 장래희망 직업란에는 어김없이 의사라고 적혀 있었다. 의대를 가기 위해 두 번이나 낙방의 쓴맛을 보았다. 의대가 아닌 다른 대학의 장학생으로 가라는 유혹도 있었다. 그러나 의대가 아닌 다른 학과의 진학은 상상조차 할 수 없었다.

재수와 삼수를 하는 동안 철저히 고뇌하고 치열하게 공부해 마침내 대전대학교 한의대를 가게 되었다. 그때 당시 이번에도 떨어지면 집안에 부담 주지 말고 집을 나가 혼자 주경야독하리라 생각했었다. 하지만 다행히도 합격했다. 너무나 간절히 원했기 때문에 하느님이 소원을 들어주신 것 같다.

한의대에 입학한 후 예과 때는 학비를 벌기 위해 학기 중에 과외를 했다. 방학 때도 겨울방학에는 군고구마 장사를, 여름방학에는 공사장 막노동을 했다. 어렵고 힘든 일이었지만 힘들게 일하는 사람들의 마음을 이해하고 그들을 배려하는 마음을 배울 수 있는 계기가 되었다. 본과에 들어가서는 오로지 학업에만 전념했다. 또한 전국의 여러 유명한 분들을 찾아다니며 공부했다.

공부하면 할수록 한의학에 깊이 빠지게 되었다. 한의학을 공부한 것이 참 잘한 일이라고 생각했다. 더욱이 온갖 힘든 일로 화병이 생긴 어머니를 치료해 줄 수 있어서 기쁘고 감사한 마음이 들었다. 1995년에 학업을 마치고 고향인 대전을 떠나 큰 꿈을 품고 서울 노원구에서 개원했다. 개원 후 1년이 지난 1996년에 서울가톨릭농아선교회에서 수화를 배우고 봉사활동을 하기 시작했다. 이때 배운 수화를 통해 지금도 수화통역사 없이 청각장애인을 진료한다. 그리고 한 달에 한 번 정기적으로 의료봉사를 하고 있다.

개원하면서부터 최고의 진료를 위해 매주 1~2회는 저녁 11~12시까지 하는 세미나에 참석했다. 이렇게 열정을 가지고 공부하고 환자를 봤음에도 나는 점점 자신감을 잃어 가고 있었다. 똑같은 병증을 가진 환자들을 똑같은 치료법으로 치료하는데 어떤 환자는 좋아지고 어떤 환자는 좋아지지 않는 일이 종종 일어나는 것이었다. 그동안 내가 알고 있는 일반적이고 획일화된 표준 치료에서는 도저히 해답을 찾을 수 없었다.

이렇게 암흑 속을 헤매던 내게 한 줄기 빛으로 다가온 것이 8체질의학이다. 8체질의학의 창시자이신 동호 권도원 박사님과 권우준 선생님을 통해 정밀하고 체계화된 8체질의학의 원리를 배웠다. 또한 전국의 8체질 진료 한의사들의 연구 모임인 신기회 활동을 하게 되었다. 그러면서 8체질의학의 체질 감별법과 체질별, 질환별로 분류된 치료법, 각 체질에 유익한 음식과 해로운 음식을 상세하게 분류한 새로운 식이요법 등 특수한 이론체계의 새로운 의학인 8체질의학을 배우고 연구했다. 8체질의학으로 환자를 치료하면서 정말 감탄을 금치 못했다.

나는 동료 한의사들과 대한팔체질의학연구회를 만들어 지금까지도 8체질의학을 연구하고 있다. 최근에는 대한통합암학회의 전문가 과정을 연수하고 면역학과 영양학, 척추자율신경계 요법, 파동의학, 유전체 생명공학 등 최신 첨단의학을 공부하고 있다. 8체질의학을 바탕으로 한, 통합의학적인 방법에 따른 난치병 환자의 치료와 연구에 매진하고 있다.

오늘도 나는 진료실에서 하루 종일 이런 질문을 받는다.

"원장님, 이건 먹어도 되나요?"

"내 병이 나을 수 있나요?"

그러면 나는 이렇게 말한다.

"당신에게 맞는 음식, 생활 태도, 마음가짐 등 당신에게 꼭 맞는 맞춤재단의학인 8체질의학과 통합치료로 해결해 줄 수 있습니다. 고치지 못할 병은 없습니다. 다만 체질과 근본 원인을 모르고 고치지 못하는 습관이 있을 뿐입니다."

현대의학은 첨단과학의 힘으로 눈부신 발전을 이루었다. 그럼에도 불구하고 많은 사람들이 수술이나 약물만으로 치료되지 않는 만성 난치성통증질환에 시달리고 있다. 특히 자가면역질환 환자들은 왜 이런 몹쓸 병에 걸렸는지 이유도 모른 채 절망 속에서 살고 있다. 아군인 줄 알았던 내 몸의 면역 세포가 나를 공격하는 황당한 일이 벌어진다. 그 결과 평생 면역을 억제하는 약물에 의존하면서 엄청난 고통을 겪으며 살아가는 실정이다.

암은 어떤가? 죽을 날을 받아 놓고 돈을 쏟아부어 가며 희망 없이 죽을 날을 기다린다. 말기암 환자는 수술, 항암 방사선치료를 하면서 사망하기 전 1년 동안에 전체 치료비의 70%를 사용한다. 그중 사망하기 전 두 달 동안 50%를 사용한다고 한다. 이때 환자들은 지푸라기라도 잡는 심정으로 검증되지 않은 민간요법과 암 치료의 비법을 가지고 있다는 유사 의료행위에 매달린다. 하지만 그러한 행위는 돈도 잃고 몸 또한 망가지는 참담한 결과만을 낳는다. 이러한 환자분들에게 정확한 정보를 알려 주고 알맞은 치료를 제공해야겠다는 사명감이 들었다.

환자들은 소문을 듣고 전국에서 나를 찾아온다. 그러곤 자신의

체질을 알고 자신에게 맞는 음식을 가려 먹고 치료를 받으면서 희
망과 건강을 찾는다. 멀리서 오는 환자들은 언제나 이렇게 말한다.
"입원해서 치료받을 수 있으면 너무 좋을 것 같아요." 나 또한 이런
말을 들을 때마다 어떻게 도움을 줄까 생각하게 되었다.

그래서 인생의 후반기에 편하게 살 수 있는 길을 버리고 모험을
하기로 결정했다. 난치질환 환자들이 각자의 체질에 맞는 집중치료
와 식사를 제공받으며 체질에 맞는 운동과 생활 태도, 마음가짐을
배울 수 있는 병원을 만드는 것이다. 앞으로 만들어질 병원 이름도
이미 정했다.

나의 어머니는 아버지가 돌아가신 후 일찍 홀로 되셨다. 그렇게
가난하고 힘든 생활 속에서도 4남매를 올바르게 키우기 위해 헌신
하신 분이다. 또한 항상 자신보다 더 가난하고 불쌍한 사람들을 도
와주셨다. 우리 형제들에게도 그런 삶을 가르치셨다. 그런 어머니
의 세례명이 로사(Rosa)다. 그 뜻을 받들어 힘없고 돈 없는 사람들
도 최상의 치료를 받을 수 있는 로사병원을 만들 것이다.

인간을 귀하게 여기고 뛰어난 의술과 바른 진료로 인류의 건강
한 삶에 기여하고 싶다. 그런 신념으로 환자들에게 희망과 건강과
사랑을 주는 8체질 전문 통합의학 병원인 로사병원을 설립하는 것
이 내 인생에서 꼭 이루고 싶은 꿈이다. 이 꿈이 이루어지는 상상
을 하며 오늘도 설레는 마음으로 환자를 본다.

해외에
작은 학교 세우기

송유미 **한국어 강사**

중국과 한국에서 한국어 강사로 재직했으며, 현재 한국에 유학 온 다국적 학생들에게 한국어를 가르치고 있다.
• E-mail thehappysong4us@gmail.com

2005년 나는 한 후원 단체에서 해외의 어려운 아이들을 후원할 수 있다는 말을 듣고 가슴에 새긴 적이 있었다. 그리고 관련 자료를 찾아보다가 바쁜 일상에 파묻혔다. 마음먹었던 후원은 언제 생각한 적이나 있었냐는 듯이 뇌리에서 사라졌다. 그리고 2년 뒤인 2007년에 우연히 TV 채널을 돌리다가 후원 단체에 관한 프로그램을 보게 되었다. 그러곤 2년 전 관심을 갖고 찾아봤던 단체를 다시 확인하고 이곳을 통해 후원을 시작하게 되었다.

시작은 크지 않았다. 어쩌면 나는 술 한 번 덜 마시는 돈으로,

화장품 하나 덜 사는 돈으로 후원하고, 조금이라도 남을 도우며 살고 있다는 마음의 위안을 얻고 싶었는지도 모른다. 그렇게 내 후원의 시작은 창대하지 않았다. 조금은 부끄러운 생각을 가진 상태로, 조금은 새로운 일을 시작한다는 기대감으로 후원이라는 한 걸음을 떼게 되었다.

후원을 시작하고 나서 관심사와 생각이 같은 사람들과 커뮤니티에서 활동했다. 많은 분들과 교류하고 글을 읽고 아이들과 편지를 주고받으면서 오랜 시간 후원해 온 분들의 따뜻한 마음을 알게 되었다. 그러곤 후원에 대해 더 많이 알아 가게 되었다. 후원하는 분들이 가지고 있는 여러 가지 생각에 조금 더 다가가게 되었다.

내가 하는 후원은 후원금만큼의 혜택이 아이에게 돌아가게 되는 구조는 아니다. 내가 후원금을 내면 후원 단체의 아동 한 명과 결연되어 인연의 끈이 형성되는 것이다. 단체에서 교육이나 복지 관련 사업을 진행하면 후원 아동 및 가족들은 그 안에서 혜택을 받는다. 다시 말해 전체 후원 사업에서 내가 내는 후원금만큼만 아이가 혜택을 받는 건 아니다.

따라서 내가 매월 후원하는 금액은 크지 않았지만 나의 작은 후원으로 후원 아동과 가족들이 받는 혜택은 작지 않았다. 후원 아동이 학교에 다닐 수 있고 이는 그의 형제자매들에게도 해당된다. 아이의 부모님은 직업 교육을 받는다. 마을에는 식수로 사용할 수 있는 수도가 생긴다. 그리고 여자아이들의 교육에 대해서 마을의 어른들도 교육을 받는다.

후원 아동 및 가족이 받을 수 있는 여러 혜택 중에서 눈에 가장 크게 들어왔던 것은 후원 아동과 형제자매가 모두 학교에 다닐 수 있게 된다는 한 줄이었다. 이것은 바꿔 말하면 그들이 후원을 받기 전에는 학교에 다니지 못했다는 말이 된다.

한국에서 태어난 아이들은 모두 학교라는 테두리 안에서 일정 시간을 보내야 한다. 학교에 가는 것이 즐거운 아이들도 있지만 학교에 가기 싫어 아침마다 자신과 싸우는 아이들도 있다. 한국에서는 초등학교, 중학교가 의무교육이다. 고등학교의 의무교육화도 여러 번 말이 나오고 있다. 하지만 아직은 중학교까지 의무교육으로 이루어지고 있다. 한국에서 태어난 아이들은 중학교까지 균등한 교육 기회의 혜택을 누리면서 살고 있다.

하지만 아직도 학교가 없는 곳은 너무 많다. 친구들과 만나서 놀기도 하고 또래 사회를 경험할 수 있고 기초 교육을 받을 수 있는 학교에 다니는 건 누구에게나 주어지는 기회는 아닌 것이다. 예상보다 많은 아이들이 교육의 테두리 밖에서 지내고 있다. 어떤 아이들은 학교에 가기 위해서 매일 아침 4킬로미터를 걸어가기도 한다.

'해외의 학교가 없는 곳에 학교를 만들자!'

이 생각을 한 지는 벌써 10년이 넘었다. 유명 연예인이나 영향력이 있는 인물은 생각이 비슷한 사람들과 뜻을 모아 돈을 마련하고 학교가 필요한 곳에 학교를 세운다. 그런 일을 막연하게 멋있다고만 생각하던 나는 조금씩 구체적으로 알아보기 시작했다. 학교를 지을 때 필요한 돈의 규모, 설립 허가에 필요한 정보, 운영에 필요한 인력 수급 방법, 현지 교사 및 관리 인력에 대한 교육 방안, 학교 경영을 위한 교육 등. 단순하게 '학교를 짓고 싶다'라는 생각에서 적어도 한 걸음 정도는 더 나아가 구체적인 생각을 하기 시작한 것이다.

어떤 일을 하려 할 때 가장 자주 부딪치는 장애물은 돈이다. 학교를 세우고 운영하는 데도 적지 않은 돈이 들어간다. 아직은 학교를 언제 세울 수 있을지 그 시간을 정하기는 어렵다. 하지만 지금은 10년 전보다는 한 걸음 나아간 생각으로 살고 있다. 그만큼 실현 가능성에 한 걸음 더 다가갔다고 생각해도 되지 않을까? 어쩌면 20년 뒤, 30년 뒤, 40년 뒤 꼬부랑 할머니가 되어서 시작하게 될지도 모르는 일이다. 하지만 이렇게 한 걸음씩 나아가다 보면 죽기 전에는 실천하고 있지 않을까?

나는 교육이나 학교 경영에 대한 거창한 말은 잘 모른다. 하지만 학교를 세움으로써 보고 싶은 건 또래 아이들과 모여서 뛰어놀고 환하게 웃는 아이들의 얼굴이다. 교육의 기회가 주어지지 않아

학교에 가지 못했던 아이들, 학교가 너무 멀어 갈 수 없었던 아이들에게 작은 학교라는 공간을 만들어 주는 것. 죽기 전에 내가 하고 싶은 일이라고 쓰고는 있지만 사실은 이것이 내가 아이들의 마음속에 영원히 사는 하나의 방법이 아닐까?

18

나의 어릴 적 체험을
소설로 쓰기

박미란 책과 여행을 좋아하는 캘리그래퍼

두 아이의 엄마이자 가베 지도사, 보드게임 지도사, 주산 지도사, 독서 지도사, 논술 지도사, 캘리그래퍼 지도사로서 늘 감사한 마음으로 아이들을 행복하게 지도하고 있다. '아무것도 하지 않으면 아무 일도 일어나지 않는다'를 좌우명으로, 평소 자기계발을 위해 열심히 노력하고 있다. 현재 동화 작가와 캘리그래퍼 작가를 꿈꾸며 개인저서를 집필 중이다.

• Instagram jeje_studio

목시. 내가 태어난 곳. 어른들은 우리 마을을 그렇게 불렀다. 금산군 복수면 목소리. 이곳이 내가 태어난 곳이다.

'딸, 딸, 딸, 딸, 딸, 아들, 아들.' 2남 5녀 중 둘째. 가족의 수만큼 어깨도 무거웠지만 어릴 적부터 난 하고 싶은 게 많은 아이였다. 하지만 시골 살림에 일곱 아이를 키우는 것만도 벅찰 만큼 가정형편은 좋지 않았다. 그래도 없는 살림에 우리끼리 얼마나 재미있게 지냈는지 모른다.

봄이면 들로 산으로 놀러 다니기 바빴다. 물론 집 농사일은 우리의 몫이기도 해서 일하는 틈틈이 놀았다. 토끼풀로 머리띠를 만들어 예쁘게 치장하고는 새콤한 토끼풀 잎을 따 먹었다. 찔레꽃 줄기를 벗겨 먹었다. 아카시아 꽃을 따 먹었다. 바위산에서 문둥이를 만날까 봐 두려워 무리 지어 놀러 다니며 그렇게 자연이 주는 온갖 맛난 것들을 따 먹었다.

여름이면 바탕골에서 옷을 입은 채로 수영하며 놀았다. 오빠들이 깊은 곳을 차지해서 우리는 물가 쪽에서 놀 때가 많았지만 물놀이는 항상 즐거웠다. 어쩌다 물뱀을 만나 한바탕 난리가 벌어지기도 했다. 하지만 물이 쭉쭉 떨어지는 옷을 입고 집에 돌아갈 때면 항상 아쉽기만 했다. 하교하는 도중 비라도 내리면 물총놀이 저리 가라 하며 가방이 젖는 것도 아랑곳하지 않고 뛰어다녔다.

가을이면 고추잠자리를 잡으러 다니고 짚단으로 집을 만들어 포근하게 놀기도 했다. 가을걷이가 한창일 때라 어른들 따라 우리도 많이 바빴지만 하루하루 들과 산이 놀이터가 되어 주곤 했다.

겨울엔 일도 많지 않아 그야말로 우리들의 놀이 천국이었다. 특히나 겨울 하면 썰매가 최고였다. 썰매도 물론 우리가 직접 제작했다. 나무판자를 대강 네모나게 만들어 밑에 굵은 철사를 고정시키면 몸체가 뚝딱 완성된다. 솜씨 좋은 오빠들은 우산살을 떼어 내어 만들기도 했다. 하지만 썰매가 없어도 좋았다. 꽝꽝 언 냇가에서 고구마를 구워 먹으면 언 몸이 후루룩 녹아내렸다. 뭐니 뭐니 해도 하이라이트는 얼음배 타기였다. 꽝꽝 언 얼음을 돌로 넓적하게 깨서 그 위에 올라타는 것이다.

그런데 이건 정말 중심을 잘 잡아야 한다. 여차하면 떨어져 나온 얼음배가 꽝꽝 언 얼음 바닥 밑으로 쑥 미끄러져 들어가 옷이며 신발이 다 젖어 버렸다. 신속함을 갖추지 못하면 아예 온몸을 냉수마찰 하고 말았다. 눈이 오는 날이면 뒷산으로 비료포대를 들고 올라가 무덤을 미끄럼틀 삼아 씽씽 타고 내려왔다. 잘못하면 발견 못한 돌부리에 걸려 비료포대와 바지가 찢어지기도 했다.

이렇게 사시사철 놀이 천국이었던 목소리에서 나는 중학교 때까지 살았다. 이사 왔다는 말은 아니다. 고등학교 때 대전으로 유학을 왔기 때문에 내 어린 시절의 추억은 대부분 중학교 때까지다.

아침이면 얼굴 닦을 수건은 고사하고, 짝 맞는 양말을 찾아 난리 블루스를 쳤다. 비 오는 날이면 우산 찾아 삼만리였다. 성한 우산이 없어 그나마도 남는 우산이 있으면 다행이었다. 하루하루가 복닥복닥 정신없는 날들의 연속이었다.

어른이 되어 만난 사람들에게 내가 자라 온 이야기를 해 주면 모두들 너무 재미있어한다. 행복한 유년 시절을 보냈다며 부러워하기도 한다. 도심 속 네모반듯한 아파트에서 우리 아이들을 키워 보니 나는 정말 행복한 자연 속에서 자라 왔구나, 새삼 더 느끼게 된다.

예전에 〈육남매〉라는 드라마를 본 적이 있다. 나보다 훨씬 앞선 시대였음에도 공감되는 게 정말 많았다. 결혼하고 아버님과 작은댁 어른들께 어린 시절 이야기를 들려드리면 어르신들 어릴 적보다 더 재미있게 놀았다며 내 이야기에 빠져드시곤 했다.

나는 죽기 전에 이런 나의 어릴 적 체험을 소설로 쓰고 싶다. 우리 아이들, 태웅이와 윤빈이에게 온갖 자연의 혜택을 받아 온 엄마의 이야기를 하나씩 하나씩 다 들려주고 싶다. 또한 나와 같은 환경에서 자라 온 사람들과 나의 이야기를 공유하고 싶다. 그 외에 잊혀 가는 마을 공동체의 재미있고 인정 어린 풍습들을 잊지 않게 기록해 놓고 싶기도 하다. 늘 생각만 하고 휴대전화나 수첩에 자그맣게 낙서처럼 적어 놓기만 했었다. 그런데 오늘 출발의 한 걸음을 내딛은 것 같아 가슴이 벅차오른다.

꿈은 꿀 수 있어서 아름다운 게 아니라 지켜 나가는 노력 뒤에 이루어 내는 큰 기쁨이 있어서 아름다운 거라고 생각한다. '아무것도 하지 않으면, 아무 일도 일어나지 않는다.' 지금부터 시작이다!

19

내 이야기를
바탕으로 책 쓰기

지성희 가수, 작사가

2000년 허니비 예나, 2002년 JS 지아로 활동한 가수다. 2003년 영화 〈남남북녀〉 OST '애수', 2003년 드라마 〈여름향기〉 OST 'LOVE' 외 다수의 곡을 작사했다. 현재 '아이돌'을 주제로 개인저서를 집필 중이다.

· E-mail jsjia1004@naver.com

"오른쪽 뺨을 맞으면 왼쪽 뺨도 맞아야 한쪽 뺨을 맞은 게 TV에 나온다."

얼마 전 한 TV프로그램에서 비아이라는 가수가 시 쓰기 개인기에서 했던 말이다. 나는 방송 경험자로서 이 말을 듣자마자 "아!" 하고 나도 모르게 짧은 탄식을 내뱉었다. 그러면서 왠지 모를 동질감을 느꼈다. 실로 오랜만에 그들의 삶을 이해하고 공감하며 한편으로는 안타까웠다.

나는 가수다! 아니 가수였다! 2000년도에 여성 2인조 허니비의 〈마이러브〉라는 곡으로 데뷔했다. 하지만 우리를 알아보는 사람도 불러 주는 방송국도 없었다. 매일 아침 지하철을 타고 출근해 세 들어 살 듯 사무실 방 한 공간을 빌려 연습했다. 우리는 늘 눈치를 보며 벽 보고 노래 연습을 했다. 일찌감치 머리가 벗겨진 50대 사장님은 한때 날리던 레코드 회사의 사장이었다. 그 백 때문인지, 나이 많은 사장님의 끈질긴 홍보 때문인지 한 달에 수십 명의 신인가수들이 나오는 와중에도 우린 꽤 괜찮은 프로그램에 출연할 수 있었다.

테크노가 유행이라며 원하지 않던 댄스 가수를 해야만 했다. 앨범사진 촬영 때는 이상한 옷을 입어야 했다. 화장도 내가 하며 원치 않는 포즈로 사진을 찍어야만 했다. 그렇게 아무 기획도 준비도 안 되어 있던 우리의 재킷 사진은 정말 끔찍했다.

방송을 하면서부터 노래 연습 대신 인터넷에서 최불암 시리즈 개그를 검색하기 시작했다. 노란 머리에는 검정 스프레이를 덕지덕지 뿌려야 했다. 보잘것없이 마른 내 몸뚱이는 한 뼘밖에 안 되는 옷을 입기 위해 밥을 굶어야 했다. 아직도 난 그 시절 나의 춤, 아니 몸부림을 보는 것이 힘들다. 그렇게 나의 첫 번째 앨범은 나의 노래가 아닌 그 시절 유행하던 노래를 흉내 내다가 사라졌다.

2002년 회사에 돈이 없다고 기존에 소속되어 있던 가수들의 곡을 리메이크하자고 했다. 오월의 〈종로에서〉는 오빠가 고등학교 시절에 즐겨 듣던 노래라서 낯설지 않았다. 우린 사장님의 과거 백을 배경으로 유명한 작곡가를 만나 부탁했다. 그는 당연히 데리고 있던 제자에게 떠넘겼다. 그 결과 생각지도 못한 명곡이 탄생했다. 세련된 편곡으로 16년이 지난 지금 들어도 질리지 않는 곡이 만들어졌다.

JS의 〈종로에서〉. 2002년 어느 날 우린 그렇게 JS라는 이름으로 두 번째 앨범을 발매했다. 하지만 대중들은 월드컵 4강을 응원하며 열렬히 응원곡만 찾았다. 우린 아주 멋진 노래를 가지게 되었지만 다 벗고 흔들어 대던 첫 번째 앨범 때만큼도 행사는 들어오지 않았다. 그렇게 가수생활은 어렵게 유지되고 있었다. 물론 소득 또한 전혀 없었다.

그 와중에 앨범에 실린 2곡이 다른 가수의 곡과 비슷한 시기에 가사만 달리하고 발매되며 도마 위에 올랐다. 사장님이 작곡료를 주지 않고 우리 앨범에 실었고 작곡료를 받지 못한 작곡가는 다른 가수에게 곡을 다시 판 것이다. 저작권법 때문에 우린 그 곡 대신 다른 곡을 또 찾아야만 했다. 사장님은 또 작곡료가 들지 않는 리메이크 곡을 알아보라고 하셨다.

그러자 나는 너무 지쳤다. 내 20대가 한때는 엄청난 재력가였던 50대 남자에게 저당 잡혀 용돈벌이에 사용되고 있다는 느낌을 떨칠 수가 없었다. 그렇게 나는 그 빛나리 사장과 결별을 선언하고 회사를 박차고 나왔다.

나는 가수생활을 하며 방송이 있는 전날이면 어김없이 가위에 눌리고 잠을 이루지 못했다. 그러던 내가 회사를 나온 이후로 꿈도 꾸지 않고 잠을 잘 자기 시작했다.

그리고 나는 한 밴드의 오디션을 봤다. 그 뒤로 홍대에 월세방을 얻고 낮에는 아르바이트, 저녁엔 밴드를 찾아 기타 연습을 하며 또 다른 시작을 꿈꿨다. 잠시나마 새로운 시작에 대한 기대와 희망을 가졌다. 하지만 내가 럼블피쉬나 체리필터가 될 수 없다는 걸 아는 데는 그리 오랜 시간이 걸리지 않았다.

잡코리아를 뒤지기 시작했다. 아르바이트 월급 60만 원으로 월세를 내며 살기에는 너무 빠듯했다. 이제 꿈을 버려야 할 때가 되었다는 걸 확신했지만 난 믿고 싶지 않았다. 스물다섯 살, 배운 것도 할 줄 아는 것도 없는 낙오자 신세였다. 하지만 절망할 겨를이 없었다. 나는 서둘러 취직했고 직장인이 되었다. 그렇게 난 주말엔 인터넷 쇼핑몰 모델 아르바이트를 하고 평일엔 회사를 다니며 지금의 남편과 연애를 시작했다.

어느 날 함께 노래했던 친구 혜진이에게서 전화가 왔다. 빛나리 사장님으로부터 연락이 왔다고 한다. 어떤 기획사에서 내 목소리가 마음에 든다고 하니 다시 노래해 볼 생각은 없느냐고. 나는 고민도 하지 않고 결혼했다고 전해 달라고 했다. 또 한 번은 어떤 분이 트로트를 해 볼 생각이 있느냐고 제안했는데 조건이 가관이었다. 10년 계약에 결혼 금지. 내 나이 20대 후반의 일이었다. 나 정도면 계약금이라고 몇백만 원 던져 주고 여기저기 나이트만 10년 돌려도 본인 월급은 보장되니까 손해 보지 않는 장사인 셈이었다.

20대 후반 어느 날 그렇게 나는 연예계와 완전히 이별했다. 이제는 나 자신만 믿고 살겠다는 마음으로 열심히 일하고 열심히 놀았다. 그렇게 후회 없는 20대를 보냈다.

"오른쪽 뺨을 맞으면 왼쪽 뺨도 맞아야 한쪽 뺨을 맞은 게 TV에 나온다." 비아이의 이 말은 재미있는 얘기 같지만 연예계의 모든 상황을 한 줄로 요약한 최고의 표현이라고 생각한다.

죽기 전에 꼭 이루고 싶은 나의 꿈은 내 이야기를 글로 써 보는 것이다. 내 나이 마흔 살. 이제 책 쓰기를 시작했다. 내 모든 경험들은 앞으로 내 꿈을 이루는 데 아주 좋은 이야깃거리가 되어 줄 것이다. 하고 싶은 일이 있다면 지금 당장 시작하자. 당신의 마지막 이야기가 오늘이 될 수도 있다.

20

성북동 저택에서
마음껏 글쓰기

최성진 보험 리모델링 전문가, 보험 컨설팅 전문가, 영업인 코치 전문가

현재 (주)글로벌금융판매 소속으로, 영업팀을 운영하는 관리실장이자 보험 리모델링 전문상담 컨설턴트로 활동 중이다. 보험
기술의 중요성을 인식시키는 상담을 통해 고객의 만족도를 높여 주고 있으며, 경험을 바탕으로 '영업 현장의 허와 실, 영업 노하우,
세상에 영업이 아닌 것은 없다'라는 내용과 더불어 싱글맘들 이야기를 소재로 강연자로서 활동할 예정이다.

· Blog blog.naver.com/csjyure0904   · C·P 010 4776 6088

"작가님! 팬분께서 지난번 다녀가신 후로 택배를 보내왔어요.
그런데 전복이 너무 싱싱해서 좋아하시는 전복구이와 삼계탕을 해
놨습니다. 오전에 야채 주스 드시면 또 너무 배가 차다 하실 거 같
아서요."

"네, 잘하셨네요. 5분 있다 나올게요."

어젯밤에도 서재에서 잠들었나 보다. 남편이 깨우지 않았더라면
여느 날처럼 찌뿌둥해 하며 일어났을 텐데…. 사랑받는 나는 새벽
에 남편에 의해 침대로 옮겨졌다. 그래서인지 오늘 아침은 개운한
느낌이 든다. 가볍게 세안을 한 나는 모닝 홈패션에 흠뻑 빠져 화

려한 무늬의 원피스로 갈아입는다. 우리 최 작가 덕분에 아침부터 보양식을 먹는다는 부모님과 아침식사로 속이 든든하다는 남편의 칭찬으로 아침 식탁은 너무나 풍성해진다.

내가 좋아하는 드라마는 언제부터인가 대저택을, 재벌들을 소재로 다루기 시작했다. 물론 내 꿈은 성북동의 저택을 갖는 것이다. 이것은 아마도 너무나 촘촘하게 공간 없이 지냈던 과거 어린 시절부터의 꿈일지도 모른다. 제일 힘들었던 건 아주 오래된 주택이었기 때문에 외풍이 정말 말 그대로 자연냉장고 수준이었다는 것이다. 내가 그곳에서 탈출한 건 내 딸아이를 조금 더 나은 동네의 초등학교에 입학시키고 싶었기 때문이다. 불과 12년 전의 일이다.

32년 전도 아닌 12년 전에도 우리 가족들은 그런 주택에서 사계절을 보냈다. 여름에는 그나마 견딜 수 있었지만 겨울에는 끔찍했다. 모두가 밖에서나 입는 두꺼운 외투를 입고 따뜻한 방 중앙에 모여 앉아 냉장고처럼 차가운 윗목을 피하고 싶어 했다. 더 힘들었던 건 그런 공간에서 내 몸에 나타나는 비염 증상이었다. 온도 차, 안 좋은 공기, 습함. 이 모든 것이 공존하는 데서 내 코는 안전할 수가 없었다.

나도 잘 몰랐지만 언제부터인가 다른 사람들 집을 방문하는 게 싫다는 걸 느꼈다. 왜 그럴까 생각해 봤다. 아니 정확히는 생각해 보는 것조차도 싫어했었다. 하지만 나를 알고 싶었던 3, 4년 전부터는 내 마음을 들여다보기 시작했다.

오래된 주택에서 탈출한 후에도 나의 집은 너무나 작았다. 8평이나 될까. 정말 누웠다 일어나면 코앞에 TV가 있다. 동생과 딸아이가 지나가면서 자고 있는 나의 다리에 수시로 부딪쳤다. 그럴 때마다 아주 짜증이 났다. 그런데도 나의 착한 딸은 발끝이 문에 닿는 그 답답함을 너무나도 착하게 이겨 내 주고 있었다. 그래서인지 혹여 여행을 갈 일이 생기면 딸아이도 나도 무조건 넓은 펜션, 넓은 공간을 외치며 잠깐의 힐링을 느껴 보려 애쓴다.

그런 나의 스트레스는 매번 드라마에 나오는 시원시원한 저택으로 옮겨 간다. 그리고 결심하며 벽에다 나의 꿈을 붙인다. '성공한다! 대저택으로 이사 간다!' 이렇게 늘 벽에 붙인 나의 꿈을 보는 나를 가족들은 이상하게 바라본다. 그러다 내 꿈을 적어 붙인 스티로폼이 떨어졌다. 그 후로 나는 다시 내 꿈을 붙이지 않았다. 가족들의 눈치가 느껴졌기 때문이다. 아니, 자신감이 떨어졌기 때문이다. 그러다 그런 곳에서 한평생을 사신 '우리 엄마가 나보다 더 대저택을 그리워했겠구나' 하는 생각이 들었다. 그래서 나는 대저택으로 이사 가겠다는 내 결심을 다시 한 번 다지며 부모님도 그곳에 모셔야겠다는 생각을 했다.

성북동에는 뷰가 너무 좋은 주택들이 많다. 풍수적으로도 좋다고 한다. 앞마당에는 우리 아빠가 좋아하시는 작은 텃밭을 내어드릴 수도 있다. 아빠에게는 고추, 상추, 배추 등 전형적인 우리네 아빠들의 농사애가 있다. 결국 그렇게 가꾼 것들을 가족들이 맛있게 먹어 주는 걸 좋아하신다. 한때는 그런 아빠를 위해 주말 농장을 마련해서라도 아빠한테 기쁨을 드리려고 했다. 하지만 그것도 매번 시간을 내어 이동해야 해서 쉽지가 않았었다.

엄마는 외할머니의 음식 솜씨를 이어받아 꽤 음식을 잘하신다. 성북동 집에서는 엄마가 좋아하시는 넓은 주방에서 손맛 좋은 음식의 향연을 펼치실 수도 있다. 물도 잘 나오지 않고 유난히 싱크대가 낮아서 허리가 아프시다던 그때를 전부 잊을 수 있을 만큼. 아빠가 상추를 따 오시면 엄마가 상추 겉절이를 하신다. 거기에 고기가 빠질 수는 없겠지?

친한 지인 언니가 늘 하던 말이 생각난다.

"성진아, 너는 꼭 성북동에서 살 수 있을 것 같아. 그러면 알지? 이 언니한테 방 하나 내어주는 거?"

성북동 대저택의 제일 좋은 방은 내가 쓸 것이다. 그리고 나만의 공간인 서재에서 마음껏 내가 원하는 글을 쓸 것이다. 나는 내 방 옆에 서재를 두려고 한다. 그리고 그 옆에는 드레스룸. 이렇게 나는 성북동 마님으로 거듭나야 할 정확한 이유를 가지고 있고, 그래서 꼭 내 꿈을 이뤄야 한다.

오랜 세월 좁은 집에서 힘든 시절을 보냈다. 그러니까 이제는 넓고 쾌적한 환경에서 내 꿈을 펼칠 것이다. 좋아하는 잔디를 깔고, 바비큐 파티를 열며, 여유롭게 커피 한 잔을 마시는 일상을 통해 내 남은 인생을 보상받을 것이다.

죽
기

전에

꼭

하고

싶은

것들

조수정 곽동길
이경민 조현수
김지혜 이선욱
이지은 김솔규
손민지 윤교근
한승열

로하스 휴 '허브 쉼터'에서
지인들과 파티하기

조수정 허브 활용 전문가, 발효효소교육 지도사, 마사지 테라피스트, 플로리스트

'로하스 휴' 허브 아틀리에 대표이자 속초시 평생교육문화센터 허브생활건강 강사다. 제품 디자인 활동과 더불어 '허브 활용법 & 자연을 통한 삶의 지혜에 대해 강연한다. 새로운 길을 찾고자 하는 사람들과 함께 '녹색식물의 가치'를 나누고자 노력하고 있다.

• Blog blog.naver.com/ste77   • C·P 010 6234 9803
• Instagram @lohashue

어릴 때 나의 꿈은 '현모양처'가 되는 것이었다. 그런 꿈이 나의 잠재력을 깨웠는지, 초등학교 시절부터 엄마가 1년 살림을 준비하며 장을 담거나 김장을 할 때면 난 노트를 들고 쫓아다녔다. 중학교 시절에는 그릇가게에서 예쁘다며 산 양념통 세트를 보관해 두었다. 그러곤 결혼할 때 가지고 와 싱크대 안에 진열해 두고 볼 때마다 흐뭇해했던 기억도 난다. 또 하나. 고등학교 시절 여름방학 때 뜨개질 학원에 다닌 기억이 있다. 나중에 결혼해서 아이를 낳으면 입혀야지 하고 스웨터를 만들었다. 그걸 훗날 내 아이에게 입히기도 했다.

어릴 때의 '현모양처'의 꿈. 지금 생각해 보면 그 꿈을 이루겠다는 나의 잠재의식이 늘 예쁘게 살림살이하는 방법에 관심을 갖게 했던 것 같다. 그래서 요리, 수공예, 인테리어 등 솜씨 좋은 신부의 모습으로 결혼해 살았다. 그러나 딸아이 하나를 선물 받고 그리 길지 않은 결혼생활을 마무리해야 했다.

나는 그리스도인이다. 인간은 태어나면서부터 이미 주님께서 그 삶을 계획하고 계시다고 한다. 우리에게 선택의 자유의지를 주신 것도 물론이다. 그렇게 어릴 적부터 수없이 나를 부르셨지만 그땐 몰랐다. 그러나 주님은 주님이 마련해 두신 길이 아닌 길을 우리가 선택해도 침묵으로 지켜보시며 기다리신다는 것을 아주 먼 훗날 깨닫게 되었다.

'현모양처'의 꿈을 끝까지 실현하지 못하고 걸어야 했던 나의 인생 여정은 참으로 힘들고 험난하고 고통스러웠다. 그럼에도 불구하고 그 어려운 길을 걸으며 내겐 꿈이 있었다.

'내 딸을 대학 공부까지 무난히 시키고, 좋은 남자 손에 넘겨주기.'

그 꿈을 이루기 위해 참으로 많은 것을 경험했다. 더 이상은 살고 싶지 않을 만큼의 최악의 상황에서도 꿈 때문에 견뎌 올 수 있었다. 나는 어릴 때부터 '현모양처'의 꿈을 안고 예쁘고 조신하게 살아왔다. 그랬던 내가 한 번도 듣지도 보지도 못했던 세상을 보고 싶지 않아도 보고, 겪어 내야 했다. 그 시간들은 나의 '탈출기 광야의 여정'이었다.

그 당시 나는 신앙의 뿌리를 깊숙이 내린 채 휴면기에 들어가 있었다. 마음은 가시밭이고 돌밭이었다. 마음 안에 온통 상처와 분노와 오기만이 살아 있었다. 그러나 지금 와 돌아보면 모든 건 '주님의 섭리'였음을 깨닫게 되었던 것 같다. 나보다도 더 나를 아시는 하느님. 성경 속 광야의 길!

이집트에서 가나안으로 가는 지름길은 팔레스타인들의 땅을 지난다. 그러나 하느님께서는 그곳으로 그의 백성들을 인도하지 않으셨다. 먼 홍해의 광야 길로 백성들을 인도하셨다. 그렇게 더욱 강한 백성으로 만드셨던 것처럼, 주님께서는 나의 나약함을 알고 나를 훈련시키신 것이다. 그리고 그 시간들을 통해 나는 내 의지와 상관없이 하나하나 구슬을 만들어 나가기 시작했다.

처음으로 허브라는 식물을 만나게 된 것은 1998년. 우연히 허브의 유효작용을 바탕으로 식품과 화장품을 제조해 판매하는 회사의 세미나에 참석하게 되었다. 세미나를 통해 그런 식물이 있다는 사실을 알았다. 그러곤 허브가 창조주께서 우리 인류에게 무상으로 주신 양식이고 최고의 선물이라는 생각에 흥분했다. 나는 허브를 알아 가기 시작했다. 그리고 역시 내 의지와 상관없이 허브와 연관된 일들을 하며 결국 꿈을 이루었다. 대학 졸업시킨 딸을 멋진 사위에게 넘겨주었던 것이다.

내 인생 3막의 꿈은 지친 영혼을 위한 '로하스 휴 허브 쉼터'를 세우는 것이다. 딸이 결혼 후 자신이 진정 원하는 자유로운 삶을 선택하고 싶다고 했다. 그러곤 다니던 직장을 정리하고 사위와 함께 강원도 고성 송지호 해수욕장에서 '서핑 숍 & 게스트하우스'를 운영하고 있다. 그 후 나 역시도 서울에서의 긴 삶을 정리하고 바다로 떠나왔다.

그리고 얼마 전 '로하스 휴'라는 허브 카페를 시작했다. 사실 '로하스 휴'를 시작하면서 어떤 큰 꿈을 가졌다거나 큰 계획을 세운 것도 아니었다. 그저 자식에게 의지하지 않고 스스로 살아가는 방법을 찾고 싶었을 뿐이었다. 그래서였을까. 내게 '로하스 휴'는 일용할 양식을 위한 수단일 뿐 별 의미가 없었다. 그저 작은 구멍가게 수준의 '로하스 휴'를 성장시켜 보겠다는 의지도 없었다. 그러다 보니 '로하스 휴'는 별로 내게 기쁨을 주지 못했다. 오히려 우울하게 지내는 날이 많았다. 그런데 나의 잠자고 있던 의식을 깨우는 우연한 만남이 있었다. 물론 이 역시도 섭리로 받아들인다.

얼마 전 평화방송TV 〈나의 하느님〉이란 프로에 나온 김새해 작가님의 이야기를 듣게 되었다. 그러곤 그분이 〈한책협〉을 통해 탄생한 작가임을 알게 되었다. 그 후 나는 〈한책협〉과 김새해 작가님의 유튜브 채널을 하루에도 수없이 들락거리며 의식이 확장되기 시작했다. 그리고 나에게 '꿈'이 생겼다.

'꿈'을 이제야 꾼다는 건 이미 늦지 않았을까 하는 우려에 대한 도전이다. 나는 나처럼 인생의 황혼기에 접어든 이들에게 희망을 주고 싶다. 그렇게 지친 영혼들이 치유받을 수 있는 '로하스 휴 허브 쉼터'를 꿈꾸며 목표를 갖게 되었다.

내 인생 여정을 돌아보며 나는 태어나 지금 이 순간까지 하느님의 존재가 늘 내 안에 계셨고 모든 사건에 개입이 있으셨음을 고백한다. 나는 기적을 믿는다. 그리고 그 기적은 내 안에 있으며, 기적을 이루는 그분이 바로 주님이심을 믿는다. 그분께서는 그 기적을 세상에 보여 주기 원한다는 것을 믿는다.

나에게는 내가 사랑하고 나를 사랑하며 늘 기도하고 지켜봐 주시는 많은 지인분들이 계시다. 영화 〈버킷리스트〉의 명대사를 읊어 본다.

"고대 이집트에선 사후세계를 믿었지. 천국의 입구에서 신이 두 가지 질문을 해. 대답을 잘해야 들어갈 수 있지."

"글쎄 모르겠네. 질문이 뭔데?"

"삶의 기쁨을 찾았나? 남에게도 기쁨을 주었나?"

나는 그동안 창조주께서 인간의 양식으로 주신 '녹색식물의 가치'를 알게 되었다. 그리고 바로 그것을 통해 사람들에게 자연의 소중함을 알게 하라는 주님의 메시지를 전하고자 한다. 주님은 고통의 여정을 통해 나에게 아프고 고통 받는 자들을 안아 줄 수 있는 품을 주셨다. 그들을 안아 주고 품어 주며 치유해 주는 '로하스 휴허브 쉼터'를 완성하고 사랑하는 모든 지인들을 초대해 근사한 파티를 열 것이다. 이것이 내가 죽기 전에 꼭 하고 싶은 일이다. 상상만으로도 꿈은 이루어진다는 말을 실감한다. 그런 장면을 떠올리는 일은 내게 긍정의 에너지를 주며 기쁨을 가져다준다.

"예전의 일들을 기억하지 말고 옛날의 일들을 생각하지 마라. 보라, 내가 새 일을 하려 한다. 이미 드러나고 있는데 너희는 그것을 알지 못하느냐? 정녕 나는 광야에 길을 내고 사막에 강을 내리라." (이사야 43:18~19)

어려운 사람들을
공감해 주는 강연가 되기

곽동길 교회 전도사, 청소년 멘토, 동기부여가

신학대학원 석사과정 중이다. 8년이 되는 시간 동안 여러 교회에서 중·고등학생들을 가르치고 만났다. 그러면서 청소년들의 가정환경과 교육에 따라 그들이 다르게 자라난다는 것을 알게 되었다. 이를 계기로, 청소년 교육에 관심을 가지게 되어 청소년 관련 교육시설을 세우고, 아이들에게 꿈과 희망을 주는 것을 목표로 나아가고 있다.

· C·P 010 6561 3727   · Instagram kwak_koo

요즘 시대는 '소확행'이 대세다. 예전에는 일이 우선이고 남는 시간을 여가활동에 활용했다. 하지만 요즘에는 일을 줄이더라도 자신의 시간을 확실히 갖고자 한다. 왜 이렇게 생각이 바뀌게 되었을까? 6·25전쟁 직후만 해도 우리나라는 폐허나 다름없었다. 당시 사람들은 그저 생존에 급급했다. 자아실현이라는 것은 상상도 하지 못했다. 하지만 '한강의 기적'이라 불리는 경제성장을 통해 우리나라는 급격히 발전했다. 경제가 발전하면서 사람들의 의식도 발전해 왔다.

시대를 거치면서 아마도 사람들은 한 번뿐인 인생, 일만 하다가 죽는 것은 행복이 아니라고 느꼈을 것이다. 요즘 TV를 봐도 여행과 맛집 프로가 인기이고 주테마인 것을 알 수 있다. 그것을 보면서 우리는 대리 만족하기도 하고, 직접 찾아가서 그것들을 즐기기도 한다.

우리가 잘 아는 매슬로우의 욕구위계이론에서 가장 높은 단계는 5단계 자아실현의 단계다. 앞의 네 단계가 결핍 때문에 오는 욕구라면 5단계는 성장 욕구의 단계다. 이와 같이 사람은 자아실현을 통해 자신이 성장한다고 느낄 때 가장 행복을 느끼고, 만족한다는 것을 알 수 있다.

인간은 동물과 다르게 생각할 수 있고, 가치를 누릴 수 있는 존재로 지어졌다. 그렇기 때문에 사람들은 그 가치를 실현하고자 흔히 '버킷리스트'를 작성한다. 적게는 몇 개에서 많게는 수십 개에 이르는 버킷리스트를 작성한다. 그 반대도 있다. 버킷리스트를 따로 작성하지 않는 것이다. 길을 지나가다가 아니면 우연히 TV에서 보거나 지인의 추천을 받아 가고 싶은 곳을 즉흥적으로 정하는 것이다.

나도 후자에 가까운 편이었다. 왜냐하면 가장 먼저는 귀찮다고 생각했기 때문이다. 설령 버킷리스트를 쓴다고 하더라도 그것은 그저 이상향에 불과한 것이라고 생각했기 때문이다. 또한 그것을 이루려고 노력하는 것 역시 스트레스란 생각이 들었기 때문이다. 그렇게 서른 살이 되도록 이렇다 할 뚜렷한 목표의식 없이 살았다.

하지만 요즘 들어 진짜 삶이 무엇인가 생각해 보게 된다. 하나님께서는 우리에게 공평하게 24시간이라는 하루를 주셨다. 그런데 누구는 그것을 48시간으로 활용하며 살아간다. 반면 어떤 이는 2.4시간 또는 24분으로 활용하기도 한다. 하루를 어떻게 활용하느냐에 따라 우리의 미래는 천지 차이가 나게 된다.

성경에도 달란트 비유가 나온다. 달란트를 잘 활용해 2배로 결실을 맺은 자에게 주인은 더 많은 것을 맡긴다. 반면 가진 것을 땅에 묵혀 둔 자에게서는 있는 것마저 빼앗아 더 있는 사람에게 준다. 이 비유에서처럼 우리는 주어진 시간을 잘 활용해 목표를 성취해야 한다. 그것이 가장 이상적인 모습일 것이다.

그러면서 20대의 시간들이 생각났다. 20대에 나는 누구보다 치열하게 고민하며 살았다고 자부할 수 있다. 고민으로 인해 밤을 지새운 적도 많았다. 나의 가치관이 무엇인지, 내가 좋고 싫어하는 것은 무엇인지 날마다 고민했다. 다양한 직업을 펼쳐 놓고, '나와 가장 잘 맞는 직업은 어떤 것일까? 나의 성향은 어떤가?' 등을 고민하기도 했다. 그런데 중요한 것은 고민만 하다가 20대가 다 흘러갔다는 것이다. 그때 나에게 방향을 제시해 주고, 동기부여를 해 주는 사람이 있었다면 얼마나 좋았을까? 서른 살인 지금 그런 생각을 많이 하게 된다.

이런 과정을 거치면서 그렇다면 오히려 '내가 그런 도움을 주는 사람이 되면 어떨까?' 생각했다. 그래서 강연가라는 꿈을 가지게 되었다. 강연을 통해 〈한책협〉의 김태광 대표 코치님처럼 사람들에게 동기부여를 해 줄 수도 있다. 20대 청춘들에게 올바른 방향을 제시해 줄 수도 있다. 김창옥 교수님처럼 힘들어하는 이들에게 힘과 희망을 줄 수도 있다.

강연가라면 모두들 서고 싶어 하는 무대가 있다. 우리나라에는 〈세상을 바꾸는 시간, 15분〉이나 청춘페스티벌 등이 있고, 세계적 무대로는 TED가 있다. 죽기 전에 꼭 이러한 무대에서 강연하고 싶다. 나는 1인 회사로 시작해서 더 나아가 규모도 키울 것이다. 그렇게 해서 여러모로 어려운 삶을 살아가는 이들에게 경제적으로 정신적으로 도움을 주고 싶다.

나의 20대는 기쁨보다 아픔이 많았다. 하지만 다른 이들에게는 20대를 흥청망청 소비하는 시기가 아닌 꿈과 열정을 가지고 나아가는, 기쁨이 가득한 시기로 만들어 주고 싶다. 고민만 하는 이들에게 실행할 수 있도록 힘을 북돋워주고 싶다. 만약 내가 부유한 집안에서 승승장구해 왔다면 왜 청년들이, 사람들이 힘들어하는지 모를 것이다. 지금 생각하면 그 어려웠던 상황을 기회로 만들었던 것 같다. 이것을 기회로 더 많은 사람들에게 선한 영향력을 펼치고 싶다.

그러면서 조금 더 구체적인 버킷리스트를 세워야겠다는 생각이 든다. 강창균, 유영만 작가는 《버킷리스트》라는 책에서 코넬대 학생들의 버킷리스트 작성 실험을 소개한다. 1985년 4월 2일 코넬대는 철학과 2학년 학생들을 대상으로 버킷리스트를 조사했다고 한다. 그날 철학과 2학년 학생 35명 중 3명은 결석했다. 설문지를 받았지만 백지로 낸 사람은 4명이었다. 그 밖에 시 한 편을 적은 사람이 2명, 여자 얼굴을 그린 사람이 2명, 소련을 이기는 방법을 장황하게 적어 낸 학생이 1명, 두서없는 글을 쓴 사람이 3명이었다. 각자의 삶의 목표를 기술한 사람은 모두 20명이었고, 그중 살아가는 목표를 진지하게 적은 학생은 17명이었다.

그리고 15년이 지난 2000년 4월 2일 조사팀은 코넬대 철학과 2학년생 버킷리스트를 꺼내 당시 32명의 소재를 모두 파악했다. 결과는 버킷리스트를 성실하게 작성한 사람들이 그렇지 않은 사람들보다 사회적 지위가 높았다. 그리고 재산은 평균 2.8배 정도 많았다. 90% 정도가 현재 삶에 만족한다고 했고, 이혼 경험 없이 행복한 가정생활을 만끽하고 있었다. 반면 버킷리스트를 작성하지 않았거나 성의 없이 작성한 사람들의 80% 이상이 조사를 했다는 사실조차 기억하지 못했다고 한다. 삶도 평탄하지 않았다. 자살 혹은 자살 시도, 결혼 실패, 가정불화, 사업 실패, 직장 문제 등을 겪고 있었다. 교도소를 다녀온 사람도 있었다고 한다.

이러한 결과로 알 수 있듯이 우리는 그저 생각만으로 꿈을 이룰 수 없다. 그것을 적고 이루리라 믿고 감사하며 꿈을 향해 나아가야 한다. 내가 이루리라 믿고 나아갈 때 그 꿈은 벌써 내 앞에 놓여 있는 것이다. 중요한 것은 나 자신을 믿는 것이다. 나만의 회사를 차리고, 어려운 이웃들에게 힘이 되어 주며, TED 강연장에 서는 그날을 꿈꾼다.

환갑 기념으로
할리데이비슨을 타고 미 대륙 횡단하기

이경민 작가, 정책통계 전문가, 한국어 강사, 신디리스트, 꿈나무 크리에이터

10대부터 음악을 시작해 현재 강남, 홍대, 분당 직장인 록밴드 보컬로 활동 중이다. 또한 신디사이저 연주를 거치면서 식약처 공식밴드 B2 신디리스트로 활동하고 있다. 한국의 정신과 문화, 한글, 한식을 알리는 대한민국 홍보 전문 크리에이터 활동을 준비 중이며, 이 시대를 과장도 포장도 하지 않고 있는 그대로의 날것을 담은 개인저서를 집필 중이다.

• C·P 010 9913 9333

미지의 세계. 내가 겪어 보지 못하고 경험하지 못했다면 뉴욕, 파리라도 아마존 같은 미지의 세계다. 나에겐 유럽배낭여행, 남미 배낭여행, 크루즈 세계 일주, 달과 우주여행 등도 마찬가지다.

우리 유치원 때는 무조건 빨리 엄마나 아빠 같은 어른이 되는 게 소원이었다. 초등학교 때는 무조건 대통령이 짱이었다. 못 해도 UN 총장 정도는 거론하기도 했다. 그러다가 질풍노도의 청소년기 와 입지보다는 입질이 먼저 오는 20대 때부터 나는 줄곧 세계 일 주를 꿈꿔 왔다.

요즘 남과 똑같기를 거부하는 사람들도 남들 다 하는 거 안 해 보면 너무 속상한 게 사실이다. 특히 내가 그렇다. 나는 전형적인 일반화 집단의 대표 주자다. 일단 해 보고 판단하자는 신(身)경험주의자랄까. 물질적 지출보다는 경험적 지출에 가치를 부여하는 편이다. 형이상학적 이데아에 더 끌린다고 해야 하나. 내 정신과 고귀한 노동의 결과를 백 하나로 만족할 수 없다고 해야 할까.

아무튼 1980년대 생인 나 또한 박카스 청년 고수가 되고 싶었다. 또는 그와 비슷한 남자친구라도 만나기를 꿈꾸며 국토대장정을 이루리라 했다. 하지만 취업이 생각보다 빨리 되어 월급대장정에 바로 투입되었다. 덕분에 쥐꼬리만 한 월급을 받으면 숨만 쉬고 집도 차도 안 사고 돈 모아서 우리나라를 일주하리라. 시베리아 횡단열차도 타 주고 유럽배낭여행, 남미배낭여행도 가고 만다며 스스로를 꼬여 왔다. 허나 아직도 시작도 못 한 게 아쉬울 뿐이다. 때마침 100세 시대를 향해 달려가고 있으니 모든 운과 때가 나의 계획을 따라 주리라 본다.

그건 그렇고 갑자기 웬 할리데이비슨? 그건 친구 덕분이었다. 자유로움이 뿜뿜 묻어나는 친구는 대전의 강남이라는 갤러리아백화점에 매일 출근도장을 찍었다. 치맛바람을 일으키는 엄마들 사이에서 넘버원 영어강사로 통하며 돈을 긁어모으는 입시학원 원장이었다. 수업이 없는 아침 9시에는 백화점의 아줌마들 사이에서 필라

테스와 요가로 몸매를 가꾸었다. 또한 주말에는 등산을 했다. 말을 얼마나 잘하는지 제약회사라도 차려서 약이라도 팔게 해 주고 싶었다. 특히 나에게 긍정적인 마인드를 일깨워 주곤 했다. 인생을 즐길 줄 아는 것 같아 보였다.

그가 자신의 꿈이 할리데이비슨을 타는 거라고 말해서 같이 한남동 매장에 구경하러 갔다. 예전에 일요일 오후 압구정 스타벅스에서 배우 최민수를 본 적이 있다. 그놈의 할리를 세우고 폼 잡고 있는데 역시 최민수다 싶었다. 그래서 자세히 한번 보고 싶기도 했다.

직접 영접한 할리는 한마디로 번쩍번쩍했다. 은색 광택 속에 울려 퍼지는 굉음. 두 손을 번쩍 들어 록 스피릿을 외쳐야 할 것 같은 터질 듯한 심장박동. 이 신나는 기분은 내 질주 본능을 깨우기에 충분했다. 정말로 매력적이었다. 내 것 하자 싶었다. 그런데 지금 말고 나도 할리에 걸맞은 모양새를 갖췄을 때 타고 싶다는 생각이 스쳤다. 그것도 정말 좋은 사람들과 함께 말이다. 그리고 여기엔 약간의 양념이 필요하다.

그래, 바로 긴 생머리가 필요했다. 딱 붙는 타이트한 스키니 가죽바지에 멋들어진 검은 가죽재킷도. 루마썬팅 같은 아주 까만 헬멧을 벗어 던지는 순간 찰랑거리며 빛나는 실버 롱 생머리에 찬란한 엔젤링의 눈부심. 그 자부심을 뽐내며 할리에서 내리는 내 모습. 정말 상상만 해도 잘 살아온 것 같다. 정말 잘 살아온 필(feel) 그자체다. "아가씨가 실버 탈색에 할리라니. 과감하다!"라는 감탄사를 듣는 게 최종 목표다. 정면으로 내 반짝이는 시선을 마주한 사람들의 반응은 한마디로 놀라움이다. 그러곤 "완전 멋있다. 나도 저렇게 나이 들고 싶다."라는 말이 이어지기를….

사실 웃자고만 하는 이야기는 아니다. 돌려 말해 물레방아 같아 보이겠지만, 곱게 늙고 벚꽃처럼 아름답게 지고 싶다. 그것보다 우리 인생의 더 큰 지향점이 어디 있을까. 먼저 그 나이에 할리 대형 모터사이클을 몰려면 어떤 건강상태여야 하는지 짐작할 것이다. 누구보다 강도 높게 건강을 관리할뿐더러 삶이 곧 운동이 되고자 정말 노력하고 있다.

아침 조깅은 유학생활, 해외출장, 끊임없는 육아 속에서도 지켜내 온 부분이다. 나는 하루 종일 앉아 일하는 직장인의 척추와 자세와 멘탈을 위해 점심때는 요가, 저녁에는 테니스, 시즌별 운동인 수영과 스노보드 그리고 대학 때부터 시작한 패러글라이딩과 스쿠버다이빙까지 온갖 운동을 다 섭렵하고 있다. 아직 철인 3종 경기에 나갈 생각은 없지만. 그래도 마라톤이나 클라이밍은 누려 보고 싶다.

아름다워지려고 나를 가꿀 때 나 자신이 정말 사랑스럽게 느껴진다. 자신감이 샘솟고 아우라도 당연히 뿜어져 나온다. 그리고 사람들에게 그 에너지가 전달된다. 연예인급 화장발이나 우유나 마늘 주사 같은 시술의 힘 없이 오롯이 나다운 아우라를 갖고 싶다. 나이 들수록 강해지고, 있는 그대로 멋스러워질 수 있도록.

할리는 유럽 바이크나 독일 차처럼 명품이라고 칭하지는 못하 겠다. 나도 뭐 완벽하진 않으니까. 하지만 유니크하다. 섬세하고 꼼 꼼한 공정이나 작업을 거치지 않는 스케일과 대범한 보디 그리고 풍부하게 고동치는 RPM까지. 정말 내 감성을 영혼까지 홀딱 적셔 버린다.

나의 20대 초반, 아무도 타지 않을 때 전동스쿠터를 처음 개발 해 보편화를 시도하려 한 중소기업이 있었다. 나는 안산공단에 있 는 그 기업까지 가서 100만 원 가까이 주고 전동스쿠터를 샀었다. 뭐 나름 공대녀의 얼리어답터 기질이랄까. 하긴 당시에도 난 얼굴 만 한 크기의 갓 나온 갤럭시탭1을 들고 통화하고 다녔다. 초등학 교 4학년 때의 과학 쌤 벽돌 폰의 터치화된 오마주랄까.

고등학교 때 나는 오토바이 쇼바에 엉덩이 한번 못 붙여 본 데 다 성가대에서 반주하는, 떡볶이 잘 먹는 착한 교회 여동생이었다. 하지만 오토바이를 보면 좀 멋지다고 느꼈다. 본성은 변하지 않는 법이다.

전동바이크를 사 온 나는 여의도광장에서 열심히 속도와 회전 컨트롤을 연습했다. 그런데 공대 언니는 불안정한 조절장치의 컨트 롤을 다 익히지도 못한 채 빠른 회전력에 튕겨 나가서 팔에 하얀 깁스를 하게 되었다. 지금 생각하면 색다른 얼굴과 높은 코를 가질 수도 있었던 아찔한 순간이었다. 하지만 그 후로도 할리로 그 정점을 찍어야겠다고 생각했다. 할리는 돈 100만 원으로 살 수 있는 것이 아니다.

고로 난 돈도 아주 많이 필요하다. 그래서 밤낮으로 출장과 초과근무를 마다하지 않고 월급을 찍는다. 또한 부수입이 될 만한 여러 기술을 습득하려 노력한다. 이왕이면 사람들도 좋아하는 우아한 무언가를 말이다. 꽃이나 마카롱을 판매한다든가 책을 쓴다든가 정원을 가꾼다든가 중국 의료관광 여행콘텐츠를 판매한다든가 말이다.

할리로 하는 미국의 서쪽 끝에서 동쪽 끝까지의 횡단에는 돈과 시간 그리고 체력의 한계가 분명 있을 것이다. 하지만 난 그걸 위해 한순간도 쉬지 않고 나를 단련하고 격려하고 있다. 경제적, 시간적 여력이 없다면 미 동부 뉴욕에서 마이애미까지의 종단을 택할 것이다. 그게 진부하면 미 서부 샌디에이고부터 시애틀까지 가면 그만이다.

하지만 난 가로 스트라이프로 정했다. 우리의 삶처럼 아주 공평하고 평행하게 길게 뻗은 가로선. 환갑이 되려면 난 아직 25년이나 남았다. 석·박사 학위를 5개는 더 딸 수 있는 시간이다. 이 시간에 영어와 스페인어 하나 마스터하지 못할까.

니하오도 모른 채 중국에 가서 6개월 만에 중국의 영재외국어

학교에서 중국어로 한국어 문법, 회화, 예절 등을 가르쳤다. 그리고 중국판 K-팝 스타인 인기 서바이벌 음악 오디션 프로그램 본선에 진출한 경험도 있다. 언어에 대한 두려움은 "넣어 둬, 넣어 둬" 했더랬다. 모국어가 아닌 이상 원어민만큼 잘하지 못해도 기죽을 필요 없다는 이 밑도 끝도 없는 근자감. 그래서 '그때면 5개 국어 정도는 하겠지' 하며 동영상 강의를 들락날락한다. 퇴근 후 피곤한 몸을 이끌고 외국인 선생님과 수다를 떤다.

내가 사랑하는 사람들과의 오붓한 여행만을 꿈꾼다면 크루즈를 택했을 것이다. 하지만 나는 새로운 뉴페이스들과도 함께하며 신선하고도 또 하나의 우주를 만나는, 설레는 교류와 소통을 하고 싶다. 그 속에 나의 사랑하는 이들도 함께라면 더할 나위 없을 것이다.

조금씩 이익보다는 자신과 서로를 이해하는 따뜻한 모임을 만들 수 있다면 더 좋을 것이다. 내가 덕을 쌓고 유명해져 게릴라성 모집을 통해 사람을 모을 수 있다면 완벽할 것이다. 언어장벽과 세대와 인종과 이념과 정치를 넘어 감성 충만 자유를 만끽하며 자연과 하나가 되어 달리는 할리의 떼빙! 이것이 바로 내가 궁극적으로 추구해 온 삶 그 자체 아닌가? 나의 생존능력을 익숙한 현실에서 벗어나 이국적이고도 아름다운 대자연 속에서 만끽하고 싶다. 날씨와 시간을 충분히 누리며 좋은 사람들과 서로 교감하고 나누고 싶다.

죽기 전에 우리는 이토록 멋있는 것 하나쯤은 꼭 이루고 뻐기면서 천국의 기쁨을 함께 나누기를. 미 서부의 끝없이 펼쳐진 도로 위의 그날에 당신도 나와 할리의 굉음을 마주할 수 있기를.

기술과 사람을 아우르는
디지털 지휘자 되기

조현수 ICT 전문가, 신사업 기획자, 스타트업 멘토, 디지털 전도사, 지식 블로거

경영학부 졸업 후 기술경영경제정책 대학원에서 석사학위를 받았다. LG그룹과 신한금융그룹에서 마케팅, 신사업기획, 기술 트렌드 분석 등 다양한 업무를 수행했다. 현재는 공공기관에서 정책기획 및 연구를 하고 있다. IT, 통신, 금융, 공공분야 경험을 바탕으로 '일반인도 쉽게 이해할 수 있는 첨단 ICT 기술'을 주제로 개인서서를 집필 중이다.

• E-mail chopen80@gmail.com　　　　　• Blog blog.naver.com/chopen

　　몇 달 전 아이들과 함께 서울 광화문 광장에 나갔다. 주말에 그 곳에선 여러 가지 행사들이 열리곤 한다. 그중 한지에 붓으로 가훈을 무료로 써 주는 행사가 있어 참여해 보기로 했다. 그런데 문제는 우리 집에 특별한 가훈이 없었다는 것이다. 작가님은 여러 가지 좋은 글귀를 모아 놓은 샘플 책을 주시며, 마음에 드는 것을 선택하라고 했다. 나는 눈에 띄는 것이 있어서 작가님께 전달했다. 가훈이 한지에 써 내려지는 동안에 난 내 인생에 대한 생각에 잠시 빠져들었다.

어느덧 내년이면 마흔 살을 바라보는 나이가 무척 생소하게 느껴진다. 보통 사람의 인생을 여든 살까지라고 보면 마흔 살은 인생의 절반을 도는 시점이다. 난 나에게 주어진 절반의 시간을 다 써버리고 이제 절반만 남은 것을 실감했다. 나이가 들어 감에 따라 시간이 더 빠르게 느껴지는 것을 감안한다면 살아온 날보다 살아갈 날들이 더 적게 남은 것이다. 죽을 날을 생각하니 오싹했다. 애플의 창업자 스티브 잡스는 '죽음은 인생 최고의 발명품'이라고 하며 날마다 거울 앞에 서서 하루를 어떻게 살지 고민했다고 한다. 생각이 여기까지 미치자 갑자기 마음이 조급해졌다. 새삼 시간의 소중함을 느끼며 그동안 어떻게 살아왔는지 반성하게 되었다.

반평생의 내 삶을 돌이켜 보면, 평범하게 학교를 졸업하고 직장생활을 하고 결혼을 하고 아이들을 길러 왔다. 그러다 보니 정신없이 나이를 먹게 된 것 같다. 무난하게 졸업, 취업, 결혼, 육아라는 인생 계단을 올라갈 때마다 행복하고 즐거운 순간들도 많았다. 그러나 내가 원하던 것을 모두 이루고 성취한 것은 아니었다. 무엇보다 내 삶의 주인으로서 주체적으로 인생을 주도해 만들어 나가지 못한 부분에 다소 아쉬움이 있었다.

궁극적으로 인생에서 내가 원했던 것이 무엇인가 곰곰이 생각해 보니 그건 바로 '자유'였다. 경제적 문제로부터의 자유, 시간을 활용할 수 있는 자유, 가고 싶은 곳은 어디든 갈 수 있는 자유, 마음대로 생각하고 상상할 수 있는 자유, 거추장스러운 의무나 격식

죽기 전에 꼭 하고 싶은 것들

으로부터의 자유 등 세상의 모든 것들로부터 벗어나 오로지 나의 의지에 의해 행동하고 생각하는 자유 말이다.

자유인이 되기 위해서는 어떻게 해야 하는 것인가? 실제로 인생에서 자유롭게 사는 사람들이 있기는 한 것인가? 내가 허망한 공상을 하고 있는 건 아닌지 걱정이 들기도 했다. 그러나 잊어버렸던 꿈에 대해 생각하다 보니 그동안 놓친 것들이 보이기 시작했다. 또한 해야 할 일들이 마구 떠올랐다. 어찌 보면, 이렇게 글을 쓰는 것도 앞으로의 꿈을 이루기 위한 첫걸음이다. 소망을 이루기 위해서는 먼저 나에 대해 잘 알아야 한다. 내가 지금 하고 있는 일에 집중하고 충실하는 게 중요하다고 생각했다. 즉, 평범함 속에 길이 있다는 확신과 느낌이 들었다.

난 어린 시절부터 컴퓨터와 함께 자랐다. 초등학교에 입학하기 전부터 집에 애플 컴퓨터가 있었다. 당시에는 컴퓨터가 있는 집이 흔하지 않았다. 그래서 갤러그, 애플스네이크 같은 게임을 하려고 동네 아이들이 우리 집에 모여들었다. 초등학교, 중학교 때는 유행하는 PC게임은 다 해 봐야 직성이 풀렸다. 친구들과 컴퓨터 잡지를 나눠 보는 것도 좋아했다. 게임 캐릭터의 레벨을 올리기 위해 밤낮으로 고민도 했다. 또한 컴퓨터를 분해하고 조립하기를 수십 번 반복했다. 그러다 보니 컴퓨터의 소리만 듣고도 어디에 이상이 있는지를 알 수 있었다.

컴퓨터와 전자기기에 대한 이런 관심과 열정을 바탕으로 정보통신 ICT(Information & Communication Technology) 분야에서 일하는 것은 너무나 자연스러웠다. 정보통신기술은 사람들의 삶을 획기적으로 혁신하고 있다. 인터넷의 등장으로 우리는 몇 번의 클릭만으로 지구 끝 편에 있는 사람들과 커뮤니케이션할 수 있다. 스마트폰을 사용한다는 건 인터넷에 연결된 아주 작은 컴퓨터를 휴대해 원하는 정보를 언제 어디서든지 얻을 수 있는 시대가 열렸다는 것을 의미한다. 나는 정보통신기술을 통해서 삶을 개선하고 보다 나은 생활을 할 수 있게 해 준다는 데 나름 자부심을 느끼고 있다.

최근의 급속한 기술 진보는 사람들로 하여금 기술에 대해 부정적인 생각을 갖게 하고 있다. 구글 알파고와 이세돌의 바둑경기에서 인간 대표인 이세돌이 경기에 패하게 되었다. 그러면서 사람들은 인공지능의 뛰어난 능력을 걱정하기 시작했다. 전문가들은 4차 산업 혁명 시대가 본격화되면서 인공지능이 인간 노동력을 대신하고 업무 자동화를 통해 많은 직업들이 사라질 것으로 예측했다. 미래에는 어쩌면 기계를 우리의 삶에서 분리할 수 없을지도 모른다.

따라서 기술을 무조건 배척하는 것이 아니라 기술·기계와 사람이 함께 미래를 만들어 나가기 위한 준비가 필요하다. 나는 많은 조직들이 디지털 기술에 기반한 기술 주도형 조직으로 변하게 되는 미래사회에서 인공지능, 블록체인 등 첨단 기술을 조율하는 디지털 오케스트라의 지휘자가 되고 싶다. 기술을 활용해 사람들이 일상생활을 더 편리하고 쉽게 관리할 수 있게 도와주는 '디지털 지휘자'로서 아름다운 하모니를 만들어 낼 것이다.

또한 많은 사람들이 자신들이 가진 꿈을 실현하기 위해 스타트업 기업을 만들고 싶어 한다. 하지만 아이디어만 있고 IT기술을 몰라서 실행을 못하는 경우도 많다. 그런 사람들에게 나의 경험과 지식을 활용해서 서비스를 기획하고 만드는 것을 도와주는 디지털 지휘자이자 ICT 전문가가 되는 것은 매우 보람 있고 의미 있는 일이라고 생각한다. 사람들의 삶의 질을 개선하며, 많은 사람들이 자신의 꿈을 이루는 세상을 만들도록 돕는 것을 통해 자연스럽게 나도 나의 꿈을 이룰 수 있을 것이다. 디지털 지휘자가 되어 비로소 내가 죽기 전에 완전한 자유를 누릴 것을 소망한다.

그럼에도 불구하고 일상생활 속에서 삶의 순간들을 소중히 여기는 것도 잊지 않을 것이다. 어릴 적 보았던 〈리치 리치〉라는 영화가 머릿속을 스치고 지나갔다. 영화의 스토리나 메시지는 기억나지 않는다. 다만 주인공인 맥컬리 컬킨이 사는 대저택에 맥도날드, 놀이공원, 워터파크가 있었다는 사실은 생생하게 기억난다. 어린 마음에 주인공이 너무 부러웠다. 훗날 부자가 되면 꼭 저렇게 살아봐야지 막연히 생각했었다.

그런데 성인이 된 지금 그런 것들이 진짜 행복을 가져다주는 것인가에 대해서는 다시금 반문하고 싶다. 하루가 다르게 자라는 딸들의 성장을 옆에서 지켜보는 일, 아내와 함께 영화를 보고 커피를 마시며 수다를 떠는 일, 잠깐 시간이 날 때 서점에 들러 책을 보는 일은 나에게 일상에서의 행복감을 느끼게 해 주는 소중한 것들이다.

어느덧 작가님이 가훈을 다 쓰고 가훈 밑에 적어 준다며 자녀들 이름을 물어보았다. '원하는 대로, 생각하는 대로, 꿈꾸는 대로.' 오늘도 거실에 걸려 있는 우리 집 가훈을 보면서 가윤이, 하윤이와 함께 살아갈 나의 미래를 기대한다.

죽기 전에 꼭 하고 싶은 것들

시간적 자유와
경제적 자유 꿈꾸기

김지혜 | 1인 창업가, 자기계발 작가, 동기부여가

결혼과 출산으로 경력단절을 겪었다. 엄마, 아내가 아닌 '나'로 살기 위해 수많은 실패를 경험했다. 그 경험을 바탕으로 과거의 자신과 같은 상황을 겪고 있는 엄마들에게 희망을 주는 작가이자 동기부여가라는 새로운 꿈을 꾸고 있다. 현재 개인저서를 집필 중이다.

• E-mail fever410@naver.com   • C·P 010 9927 8268
• Instagram fever410   • Kakaotalk fever410

나는 결혼 9년 차에 두 아이를 키우는 전업주부, 다시 말해 경력단절 9년 차 여성이다. 두 아이를 출산하면서 엄마들이 많이 겪는 산후우울증도 남편이 대신 겪었을 만큼 남편과의 사이에도 문제가 없었다. 아이들이 커 가는 모습을 보며 나는 행복하다고 자신 있게 말할 수 있을 정도였다. 엄마로서 아내로서 사는 것이 정말로 행복했다. 어느 날, 누군가 나에게 "지금 행복해?"라는 질문을 하기 전까지는.

엄마로 아내로 사는 나는 정말 행복하다. 그런데 '나는? 엄마로, 아내로 사는 나 말고 1982년생 김지혜는 과연 행복한가?'라는 질문을 스스로에게 던졌을 때, 나는 행복하지 못한 것 같았다. 갑자기 눈물이 쏟아지려고 하는 것을 꾹꾹 참았으니 말이다. 그리고 나서 주위를 둘러보니 다들 엄마로, 아내로서뿐만 아니라 자신의 일을 가지고 있었다. 나. 만. 빼. 고.

이날 이후부터 9년 동안 내 속에 꼭꼭 숨어 있던 산후우울증, 육아우울증이 한꺼번에 터져 버린 것만 같았다. 나는 무엇을 해야 할까. 나는 내가 할 수 있는 일이 무엇인지 찾기 시작했다. 그런데 찾지 못했다. 그러다가 칼럼 하나를 읽게 되었다. 일주일에 서너 번은 필드에 나가 좋아하는 사람들과 골프를 치고, 매일 아침 필라테스 개인레슨을 받으며, 저녁에는 에스테틱 관리를 받는 삶. 자기계발도 게을리하지 않으며 일곱 살, 네 살 아이들과 손잡고 해외여행을 자주 떠나는 삶을 살고 있는 한 여자의 이야기를.

머리를 한 대 얻어맞은 것 같았다. 여자라면 누구나 꿈꾸는 삶. '나는 안 돼. 이건 그냥 꿈이야!'라고만 생각했던 삶을 살고 있는 사람이 있다니. 그와 동시에 '나도 죽기 전에 저렇게 한번 살아 보고 싶다'라는 생각이 들면서 가슴이 쿵쾅거리기 시작했다. 하루하루 우울하게 살고 있던 내게 "너도 이렇게 살 수 있어!"라고 말해 주는 것 같았다.

전업주부로 살고 있으니 나는 시간의 자유인은 맞다. 두 아이들이 유치원에 가 있는 오전 시간에 청소와 빨래, 아이들이 어질러

놓은 물건들을 정리하고 나면 나머지 시간은 내 자유 시간! 아이에게 리모컨을 양보하고 보지 못했던 TV프로그램을 보며 오늘은 어떤 핫딜이 올라왔는지 가입되어 있는 카페를 둘러본다. 여유로운 오전 시간이다.

그렇지만 나는 경제적 자유인과는 거리가 멀다. 남편이 벌어다 주는 한정된 월급에서 가장 큰 비중을 차지하는 대출금 이자. 매달 고정적으로 나가는 공과금들. 거기에다 아이들 원비를 빼고 나면 주머니는 더 가벼워진다. 그것으로 하고 싶은 것을 하지 못하고 사고 싶은 것을 참아 가며 한 달을 산다. 핫딜 때 딸려 온 물건들을 남편 몰래 숨기면서 잠깐 나는 행복해진다.

물론 필요할 때 하나씩 사면 되는 것을 왜 이렇게 한꺼번에 사 놓느냐고 잔소리하는 남편에게 "돈이 많아 봐라. 내가 사고 싶을 때 아무 때나 살 수 있어!" 목 끝까지 올라온 그 말을 직접 하지는 못한다. 싸게 올라왔을 때 사 놓은 제품들을 보는 것이 나의 행복이었다. 아마 많은 사람들이 이처럼 소소한 행복을 느끼면서 살아가고 있음을 나는 안다.

그러나 언제까지 이렇게 소소한 것에 행복을 느끼며 살아야 하는 것일까? 큰 것에 행복을 느끼면 안 되는 것인가? 이제 나는 소확행 하지 않고 대확행을 넘어 슈퍼대확행 하는 삶을 살아가고 싶다. 월급 받는 삶이 아니라 나 스스로 가치를 만들어 가는 삶을.

- 월 500만 원의 월세 수입

- 50평대 아파트로 이사하기

- 포르쉐 오너

- 필라테스 개인레슨 받기

- 하고 싶을 때 일하기

- 언제든지 해외여행 가기

나는 이 꿈들을 이룰 것이다. 이 꿈들을 이루기 위해서 나는 책을 쓰고 나를 브랜딩 해 사람들이 나를 찾아오는 삶을 살 것이다. 이 꿈들을 이뤄 시간적 자유인, 경제적 자유인이 될 것이다. 그것도 3년 안에!

선하고 현명한 지식 생산자이자
작가 되기

이선욱 부동산 전문가

도시 및 부동산개발학 석사학위를 취득하고, 부동산 관련 공기업에 근무 중이다. 현재 '부동산 공부로 두 번째 월급통장 만들기'라는 주제로 개인저서를 집필 중이다. 향후 부동산 초보자들을 위한 알기 쉬운 부동산 해설을 통해 최고의 부동산 코치로 활동하고자 한다.

어려서부터 꿈에 대한 얘기가 나오면 번번이 위축되고 의기소침해졌던 것 같다. 마치 아주 오랫동안 숙제를 미루고 있다는 초조함과 죄책감 비슷한 감정 때문이었지 싶다. 그렇다! 나는 뭔가 꼭 되고 싶거나 하고 싶다는 꿈이 없었다.

나는 초등학교 4학년까지 싸움대장으로 꽤나 이름을 날렸다. 주로 나보다 한 뼘이나 큰 녀석들과 주먹다짐을 벌였다. 싸움이 발각되어 교무실로 불려 간 내가 듣는 단골 멘트는 "이선욱이 또 너냐?"였을 정도였다. 거기에다가 책이라곤 보지 않던 싸움대장의 공부 실력은 참으로 겸손했다. 간단히 말하면 당시 나는 '공부 못하는 문제아'였던 것이다. 그런데 4학년 겨울방학을 기점으로 내 삶은 뒤흔들리게 되었다.

굉장히 무서웠던 아버지께서 겨울방학 내내 나에게 '공부'라는 낯선 행위를 강요하신 것이다. 덕분에 5학년 첫 시험을 평소보다 훨씬 수월하게 치르게 되었다. 그리고 시험성적이 발표되던 바로 그날을 나는 평생 잊을 수가 없다. 담임 선생님께서는 "지금부터 이번 시험 우리 반 1등을 발표하겠다. 선욱이 이리 앞으로 나와 볼래?"라고 하셨다. 나는 왜 갑자기 나를 부르시나 어리둥절해하며 교탁 쪽으로 나갔다. 선생님께서는 잔뜩 긴장한 내 어깨를 다정하게 감싸며 "선욱이가 이번 시험에서 우리 반 1등이다. 모두, 박수!"라고 하셨다. 이 짧은 순간에 오만 가지 생각과 감정이 교차했다. 하지만 가장 뚜렷하고 지배적인 감정은 선생님께서 나를 의심하시지 않고 완전히 믿어 주셨다는 가슴 벅찬 고마움이었던 같다.

그렇다. 그날부터 나는 모범생으로 다시 태어났다. 그 사건 이후 선생님과 부모님을 실망시키지 않겠다는 기특한 생각이 내 머릿속에 문신처럼 박히게 되었다. 나는 누가 시키지 않아도 수업에 충실했다. 그러곤 일사불란하게 복습하는 아주 교과서적인 학생으로 완전 변신하게 되었다. 이후 대학 입학 시까지 약간의 방황은 있었지만 다행히도 꾸준히 상위권의 성적을 유지할 수 있었다.

죽기 전에 꼭 하고 싶은 것들

하지만 대학생이 되어 전공수업을 듣고 국방의 의무를 다할 때까지도 여전히 내 꿈의 행방은 묘연하기만 했다. 장래에 대한 염려와 불안은 켜켜이 쌓여만 갔다. 그러다 대학에서 사회로의 강제 배출을 목전에 두게 되었다. 하지만 그때도 진정으로 원하는 꿈과 직업에 대해 충분히 고민하지 않았다. 그러곤 초조함에 떠밀리듯 '번듯한 직장' 찾기에 급급했다. 그래도 그동안 쌓아 온 모범생 내공을 유감없이 발휘한 덕분에 신의 직장이라 불리는 안정적인 회사에 안착하게 되었다.

그 안정적인 직장에서의 근속경력이 올해로 15년 차가 되었다. 그동안 업무능력과 사회성을 나름대로 인정받아 비교적 원활히 승진하고 중간관리자로 자리매김했다. 그런데 그걸로 끝이다. 연차가 쌓일수록 커져만 가는 공허함은 채워지지 않았다. 새로운 삶을 기대하며 재테크 공부를 하면서 부동산 투자로 재미도 좀 보았다. 하지만 2년 전 나의 경솔한 결정 때문에 경제적으로 큰 손해를 보게 되었다.

그 탓에 혹독한 슬럼프에 빠지게 되었다. 좌절감과 불안감으로 견디기 괴로운 날이면 술에 의지해 잠을 청하곤 했다. 그러던 중에 문득 대학생 시절 중앙도서관에 처박혀 책을 탐독하면서 당시 나의 심리적 불안감 등을 치유했던 경험이 떠올랐다.

나는 그 즉시 적당한 책들을 찾아 읽기 시작했다. 다시 다양한 책들을 통해 나와 비교할 수 없을 정도로 어려운 시련을 견디고 극복해 성공한 주인공들을 만날 수 있었다. 자연스럽게 나 자신을 다시 진단하고 제대로 돌아보게 되었다. 형편없이 찌그러져 가던 내 자존감도 웬만큼 회복시킬 수 있었다.

무엇보다 긍정적인 마인드로 내 꿈에 집중할 수 있는 나의 가치관 개선을 통해 재도약의 발판을 만들 수 있었다. 의식 개선의 효과 때문인지 오랫동안 지루하게 이어져 오던 담배와의 인연도 완전히 정리할 수 있었다. 잊을 만하면 마주했던 폭음 후의 살인적 숙취도 이제는 낯설기만 하다.

나는 책을 통해 스스로를 치유하고 의식까지 개선하는 아주 값진 경험을 하게 되었다. 그 결과 나는 매우 자연스럽게 그동안 막연하게나마 동경했던 작가의 꿈을 실현시켜 보기로 결심했다. 내 끝판의 목표는 훌륭한 부동산 전문가, 현명한 동기부여가가 되어 사회적 약자들에게 아낌없이 도움을 주는 삶을 사는 것이다.

그 첫 단계로 책 쓰기에 도전하려고 한다. 그동안 부동산 관련 업무를 하며 쌓은 다양한 경험을 통해 배우고 익힌 지식과 지혜를 알기 쉽게 집약해 이를 필요로 하는 사람들과 아낌없이 나누려고 한다. 한 권에 그치지 않고 이후에는 자기계발, 자기관리, 동기부여 등에 대한 저서도 출간할 것이다. 그렇게 과거의 나처럼 방황하는 젊은이들에게 따뜻한 도움을 줄 것을 기대한다.

또한 나는 반드시 내 꿈을 이루어 이 시대의 선하고 현명한 멘토가 될 것이다. 뿐만 아니라 상당한 부자가 되고자 한다. 그래서 이 시대의 소외된 흙수저들에게 성공을 위한 지식과 희망을 전하고 자유와 부(富)를 나누며 인생을 풍요롭게 마감하고 싶다.

학생들에게 꿈과 목표를
심어 줄 수 있는 재능기부 하기

이지은 학원 강사, 청소년 멘토, 작가 꿈나무

사범대에서 교육학과 역사교육을 전공했다. 교육에 관심이 많아 강의, 독서코칭, 논술, 교육사업 등 다양한 교육활동을 경험해 왔고, 이러한 경험을 바탕으로 현재 강사로 활동 중이다. 대부분의 시간을 학생들과 뒹구는 청소년들의 멘토를 자처하고 있다. 최근에는 이러한 자신의 이야기를 많은 사람들에게 들려줄 수 있는 작가가 되기 위해 매일 조금씩 글쓰기를 실천 중이다.

· E-mail qwerty0205@naver.com   · Blog blog.naver.com/qwerty0205
· Instagram @qwerty_0205 / @eunb_0225

그날은 평소와 다를 것 없는 학교 청소시간이었다. 청소가 마무리될 즈음, 감독을 하고 계시던 담임 선생님 주변으로 몇몇 아이들이 모여들었다. 나도 그 틈에서 친구들과 함께 선생님과 이야기를 나누고 있었다. 그런데 갑자기 선생님께서 나를 빤히 보시더니 이 한마디를 툭 던지셨다.

"지은이는 조금만 더 열심히 하면 될 것 같은데."

집으로 돌아가는 길. 친구들이 옆에서 쉴 새 없이 수다를 떨고 있었다. 그런데도 이상하게 나는 선생님의 마지막 말씀이 계속 떠올랐다. '조금만 더 열심히 하면 될 것 같은데? 갑자기 왜 내게 그런 말씀을 하신 거지? 선생님 눈에는 내가 좀 다르게 보이셨나? 나도 모르는 나의 가능성을 알아봐 주신 건가?' 이런저런 생각들이 꼬리에 꼬리를 물면서 머릿속을 가득 메웠다. 그날 저녁, 나는 평소처럼 TV 앞에 앉는 것이 아니라 처음으로 스스로 책상 앞에 앉았다. 그리고 그날부터 나의 인생이 바뀌기 시작했다.

이전까지 내 삶에는 학원뿐이었다. 초등학교 때도 시험기간에는 밤 10시, 11시까지 학원에 남는 게 예삿일이었다. 중학교에 입학하고 나서는 새벽 한두 시까지 이어지는 학원의 보강 탓에 학교에서는 수업시간마다 잠자기 일쑤였다.

그렇다고 학원에서 열심히 공부했으리라 생각한다면 큰 오산이다. 학원을 가는 것은 오로지 엄마의 결정이었다. 나는 그 결정을 무조건 따라야 하는 사람이었다. 그리고 내게 학원이란 맞지 않기 위해 공부하는 곳이었다. 문제를 풀면 틀린 개수만큼 맞았다. 숙제를 해 오지 않으면 문제 개수의 배를 곱한 만큼 맞았다. 수업시간에 딴짓을 해도 맞았고, 옆의 친구가 딴짓을 해도 연대책임이라면서 맞았다.

지금은 상상도 할 수 없는 일이지만 그때는 그게 가능했다. 덕분에 지금도 내 왼손 손바닥에는 실핏줄이 터져 검게 변해 버린 영광의 상처가 남아 있다.

이런 내가 목표를 가지고 공부한다는 것은 상상할 수도 없는 일이었다. 집, 학교, 학원을 오가는 무미건조한 삶이 이어질 뿐, 아무런 꿈도 목표도 없었다. 이런 내게 선생님의 저 한마디는 내 인생을 바꿔 버릴 정도의 엄청난 말이었다. 겨우 말 한마디, 그 한마디 말뿐이었는데. 그게 대체 어떻게 나를 바꾼 힘이 된 걸까?

지금 와서 생각해 보면, 그건 아마도 누군가 나의 가치를 알아봐 준다고 느꼈기 때문일 것이다. 열심히 하면 할 수 있을 거라고 믿어 주는 사람이 옆에 있다는 건, 실로 엄청난 힘이 된다. 나의 가치를 알아봐 주는 사람. 그런 사람을 인생에서 만나는 건 쉬운 일이 아니다. 그런 면에서 난 참 행운아다.

그때부터 나는 나를 믿어 주는 선생님을 실망시키지 않기 위해 열심히 공부했다. 나의 그런 노력은 성적에 반영되었다. 나는 뿌듯해하시는 선생님을 보고 더 열심히 공부했다. 그리고 공부를 하면서 꿈이 생기고, 목표가 생겼다. 바로 학생들을 믿어 주고 이끌어 주는 선생님이 되는 것. 말 한마디, 작은 관심과 사랑으로 한 학생의 인생을 바꿔 줄 수도 있는 선생님이 되고 싶어졌다. 그래서 사범대에 진학하겠다는 목표가 생겼다. 그리고 그 목표를 향해 달려다 보니 꿈을 이룰 수 있었다.

나는 지금 학원에서 학생들을 가르치는 선생님이다. 지독하게 싫어했던 학원에 있다는 사실이 나도 가끔은 믿기지 않는다. 하지만 그만큼 내가 학생들을 가르치는 일을 좋아하나 보다 생각할 때가 많다. 여전히 학부모님의 손에 이끌려 학원에 오는 학생들이 대부분이지만 말이다. 학생들은 단 1분이라도 일찍 수업이 끝났으면 하고 시계만 쳐다보고 있는 게 현실이지만 말이다.

나는 이런 학생들에게 꿈과 목표를 심어 줄 수 있는 재능기부를 하고 싶다. 아무 생각 없이 하루하루를 보내는 학생들, 꿈과 목표가 없는 학생들, 공부를 잘하고 싶은데 어떻게 해야 할지 방법을 모르는 학생들, 그리고 형편이 좋지 못해 부족한 공부를 하지 못하는 학생들. 이런 학생들을 도와주는 멘토가 되고 싶다.

학생들에게 너희들이 이루고 싶은 꿈의 수단이 공부라는 것을 알려 주고 싶다. 부모님 때문에 어쩔 수 없이 해야 되는 게 아니라, 자신의 꿈을 위해 해야 하는 것이 공부라는 것을 학생들이 알았으면 좋겠다. 그리고 이런 나의 생각에 함께 동참하는 사람들이 점점 늘어나 각 지역마다 재능기부를 하는 모임이 하나씩 만들어졌으면 싶다. 대학생, 주부, 직장인 등 누구나 참여해서 자신이 가진 재능을 기꺼이 주변 학생들에게 나눠 줄 수 있는 그런 환경을 만들고 싶다.

나는 죽기 전에 하고 싶은 일이 너무나도 많은 사람이다. 세계여행도 하고 싶고, 내 명의의 건물도 가지고 싶고, 작은 공방도 하나 열고 싶다. 그 많은 일들 중에서 꼭 하고 싶은 일로 재능기부를 꼽은 이유는 바로 이 일이 나를 위한 일이기 때문이다. 내 이야기에 귀 기울이고 듣는 아이들의 빛나는 눈을 보는 것이 행복하기 때문이다.

많은 사람들은 남을 위해 기꺼이 봉사하고 기부한다. 남을 돕기 위해서이기도 하겠지만, 나는 이 사람들이 자신을 위해 하는 일이라는 것을 안다. 자기만족을 위한 일임을 안다. 그래서 나도 이왕이면 내가 가진 능력으로 다른 사람을 도울 수 있는 재능기부를 하고 싶다.

'그래서 어떻게 꿈을 심어 주겠다는 건데?'라고 생각하는 사람이 있을지도 모르겠다. 너무 뜬구름 잡는 이야기일 수도 있겠지만, 나는 경험해 봤다. 선생님의 말 한마디에 인생이 바뀌는 경험을. 꿈을 가지게 된 경험을.

학생들에게 꿈을 심어 주는 일은 힘든 일일 것이다. 긴 시간이 걸릴 수도 있고, 실패할 수도 있을 것이다. 그렇지만 어쩌면 내 말 한마디에 한 학생의 인생이 바뀔지도 모를 일이다. 그래서 나도 더 배우고, 공부하면서 학생들과 함께 성장해 나가고 싶다. 누군가 만들어 놓은 길을 가는 것이 아니라, 학생들 스스로 자신이 만든 길을 갈 수 있도록 돕고 싶다. 그거면 된다.

내 이름이 들어간
나의 책 내기

김솔규 **사회복지사, 자존감 지킴이**

2009년부터 매달 봉사활동을 하면서 진로를 전환해 사회복지사가 되었다. 국내뿐만 아니라 몽골, 일본, 네팔, 미국, 캐나다 등 다양한 나라에서 다양한 인종의 사람들을 만나 마음을 교류했다. 현재 자존감 지킴이로서 많은 사람들이 스스로를 사랑하도록 도와주고 있다.

• Blog blog.naver.com/kimsolgyu   • C·P 010 9635 0331
• Instagram 1991.03.31

지금으로부터 10년 전쯤, 고등학생 때 나는 지각한 적이 있었다. 담임 선생님은 늦은 이유와 함께 반성문을 제출하라고 하셨다. 그날 눈앞에서 놓친 버스를 회상하며 반성문을 적어 나갔다. 담임 선생님은 반성문을 읽어 보시더니 글 쓰는 재주가 있다며 내게 글쓰기와 관련해 반 대표로 2개의 글을 제출하게 하셨다. 그리고 고등학교 입학 후 처음으로 상장을 받았다. 이때의 일은 앞으로 내가 글쓰기에 관심을 갖게 한 시발점이었다.

그러고 난 후 동아리에 들게 되었다. 그런데 1학년 때 활동하던 미술부에서 전공할 사람만 부원으로 받는다고 했다. 친구들과 나는 고민하다가 '문학토론부'라는 동아리를 알게 되었다.

동아리에서 공부로만 받아들여지던 문학작품들을 다시 읽어 보며 새로운 관점에서 생각해 보는 시간을 가졌다. 2학기에는 축제 때 전시할 시를 직접 창작하게 되었다. 주제를 잡고 시를 써 가며 다듬었다. 그 순간에는 마치 예술작품을 조각하는 듯한 행복감이 들었다. 완성된 시를 축제기간 동안 전시하며 프로 못지않은 글의 아름다움을 느낄 수 있었다.

당시 학교에서 영어를 가르치던 선생님이 시인이셨다. 학교 신문에 실린 시를 보고 좋아서 읽다가 선생님이 시집도 내셨다는 것을 알고 놀랐었다. 당시 선생님에게는 개인 홈페이지가 있었다. 나는 야간자율학습이 끝나고 12시가 넘어 집에 들어가곤 했다. 그런데도 씻고 자기보다 선생님이 홈페이지에 쓰신 작품들을 읽고, 게시판에 글을 남기곤 했다. 지금으로 말하자면 열렬한 애독자였다. 그리고 그때 내 인생의 버킷리스트가 처음으로 생겼었다. 나도 선생님처럼 '나의 책'을 내고 싶어졌다.

그러던 중 나는 엄마의 손에 이끌려 차로 한 시간 거리에 있는 노인복지기관에 봉사활동을 가게 되었다. 봉사활동은 전국적으로 이루어졌다. 매달 지역마다 정해진 토요일에 각각 연결된 기관으로 갔다. 그러곤 그곳에 도착한 라면을 하나의 요리처럼 탄생시켜서 한 그릇씩 대접했었다.

한 지역에서 시작한 봉사활동은 점차 자리를 잡아 갔다. 그곳에서 어르신들과 대화하고 소통하면서 나는 진로에 대해 다시 생각하는 계기를 가졌다. 당시 담당 사회복지사 선생님께서 응원과 함께 좋은 이야기를 많이 해 주셔서 사회복지학을 전공하게 되었다.

대학생 때는 매달 봉사할뿐더러 매년 여름마다 해외 봉사를 했었다. 짧게는 2주, 길게는 1년간 다녀왔었다. 어학연수를 갔었을 때는 기숙사 근처의 복지관에 직접 찾아가 기관 견학을 했었다. 그런 후 주말에는 사회복지사 선생님의 지도하에 배우고, 봉사했다. 나는 그렇게 한 분 한 분 만나며 교류했었다.

그리고 매달 엄마와 동생과 함께하는 봉사는 이제 집에서 가까운 지역에서 새롭게 하게 되었다. 아빠도 참여하면서 네 식구가 함께 봉사하게 되었다. 뿐만 아니라 친척 오빠네도 참여하게 되어 든든한 지원군을 얻은 것 같았다. 처음 참여한 날로부터 어느새 10년이 지났다. 그동안 전국에서 17개 지역이나 함께하는 곳이 늘어났다.

이끌려서 봉사를 시작했던 처음과 달리, 나 스스로의 의지로 봉사에 참여하자 많은 변화가 있었다. 그전에는 아침에 기관에 도착해 지역 대표가 전날 회비로 구입한 재료들을 각자 부여받았다. 그리고 그날의 라면 레시피에 맞게 손질하고 대접했었다. 반면에 내가 능동적으로 참여하게 된 이후에는 매번 봉사 전, 먼저 그달의 정해진 라면을 사서 레시피에 맞춰 테스트해 보며 준비했었다. 봉사 전 일주일 동안 똑같은 라면을 다양한 방법으로 먹어 가며 레시피를 생각하고 또 생각했었다. 또한 지역 이동 후 총무가 되어 회비를 관리하고, 매번 회장님과 배정된 라면에 맞는 레시피를 연구했었다. 전날에는 재료를 구매해 준비해 갔었다.

그래서 그동안 준비했었던 레시피들을 정리해서 맛있는 라면 레시피를 담은 책을 내고 싶다. 이미 국내에서는 라면 전문점이 생겨났고, 이전과 달리 라면에 대한 인식이 많이 바뀌었다. 많은 사람들이 시중의 라면들을 먹을 때 조금 더 맛있게, 새롭게 먹을 수 있었으면 하고 바란다. 그런 만큼 오래전 나의 버킷리스트였던, 내 이름이 들어간 라면 레시피 책을 내고 싶다. 그것이 내가 죽기 전에 꼭 이루고 싶은 나의 버킷리스트다.

글 써서 나의 존재를
멋지게 알리기

손민지 **사회복지사, 고민 상담가**

사회복지사로, 사회적 도움이 필요한 사람들을 위해 봉사하고 있다. 소소하지만 꾸준히 사회적 약자들을 위한 기부활동도 하고 있다. 고민 상담가로서, 좀 더 많은 사람들의 고민을 들어 주고 그들을 붙잡아 주는 역할을 하기 위해 노력하고 있다.

• Blog blog.naver.com/baebae-_-   • C·P 010 6694 0726
• Instagram storyno1007

어릴 때부터 나는 참으로 유별난 아이였다. 다른 사람들과는 조금 다른 사상과 소심했던 성격 탓에 친구도 많이 없었다. 울기도 많이 울었던 어린 시절, 노래하는 가수에 대한 동경을 넘어선 사랑에 열 살 때부터 TV에 나오는 가수들을 만화영화보다 더 좋아했다. 만화보다 음악프로그램을 먼저 보았고, 가수들이 나오는 예능만 챙겨 보는 그런 유별난 아이가 나였다. 용돈을 모아서 앨범을 샀고, 하지도 않았던 공부를 콘서트를 위해서 했다. 그들을 위해 글을 썼다. 그들을 사랑하며 사람을 사랑하는 마음을 배웠다. 뭐든 쉽게 질려 버리는 성격을 가지고 있음에도 나는 18년을 이렇게 살고 있다.

사람들에게 이렇게 말하면 오버한다고 생각한다. 그냥 같은 사람인데 그들의 존재가 그렇게 대단하냐면서 말이다. 그러면서 28년을 살고 있는 나에게 사람들은 이제 철 좀 들라고 말한다. 아직도 그러고 있는 게 창피하지 않느냐고 물어본다. 그러면 난 사람들에게 이렇게 얘기한다. "이렇게 사는 게 나의 행복이야! 그들은 나에게 살아가는 힘과 마음을 준 사람들이다."라고 말이다. 나에게 그들은 희망이고 행복이고 내가 돈을 버는 이유기도 하다. 글을 쓰려는 이유도 그 사람들 때문이었다. 내가 지금 열심히 살아가는 이유도 언젠가 그들에게 나의 존재를 멋지게 알리고 싶어서다.

참으로 신기하지 않은가? 그들의 존재만으로도 죽고 싶은 인생에 빛이 들어왔다. 참으로 힘든 학창 시절을 보낸 나는 그들의 존재로 인해 힐링을 받았다. 살면서 한번 죽고 싶다는 생각을 한 적이 있었다. 너무 어릴 적이라 이제 그 이유도 생각나지 않는 사소한 문제였던 거 같다. 이유는 모르겠지만 그때 그 상황은 아직도 또렷하게 내 기억에 남아 있다. 그때 나의 손을 잡아 줬던 것도 그들이었다.

그들의 음악을 들으며 펑펑 울고 나니 '아, 더 열심히 살아 봐야겠다'라는 생각이 들었다. 그 생각으로 인해 나는 더욱더 깊게 그들에게 빠졌다. 그들은 소심하던 나를 조금 더 활발하게 만들어 주었다. 도전이라는 걸 할 줄 모르는 나에게 세상에 많은 일이 있다는 걸 알려 주었다. 그들은 내가 가장 힘들 때 버텨 낼 수 있었던 이유이기도 했다.

나에게는 남자친구와는 또 다른 존재이기도 하다. 사랑하지만 동경하고 나의 모든 걸 다 줄 수 있는 그런 존재다. 나라는 존재를 그들은 몰라도 괜찮다. 나에게 하는 말은 아니지만 그들이 하는 작은 말 하나에도 나는 행복하다. 그냥 가끔 꿈에 나타나서 보고 싶었다고 말하는 것도 좋았다. 힘들어하는 그들의 모습에 나도 같이 마음 아파하면서 울기도 했다. 한마디로 그들은 나에게 인생이었다.

그래서 이 내 마음을 꼭 만나서 말해 주고 싶다. 몇 번 편지로 대신했지만, 그것보다 더 큰 마음이다. 나에게 그들은 정말 삶을 살아갈 수 있도록 작은 희망을 준 사람들이다. 그들의 존재는 나뿐만 아니라 얼마나 많은 사람들에게 희망을 주고 있는지 모른다. 그래서 고맙다고, 당신들에게서 많은 걸 배웠다고, 이렇게 내가 당신들을 좋아한다고, 나를 좋아하지 않아도 되니까 그냥 지금처럼 있어 달라고 말이다.

이제 나는 그들의 얼마 남지 않은 인생의 마지막을 준비하고 있다. 다시 사람들 앞에 나올 수 있을지도 모른다. 자신들이 하고 싶던 일이었지만 엄청나게 힘들었을 것을 누구보다 잘 안다. 그리고 어린 나이에 엄청난 사랑과 상처를 받으면서 지낼 것도 알고 있다. 하지만 그러면서도 나는 그들을 만나서 얘기를 전해 주고 싶다. 그들의 존재에 기대어 삶을 살아가는 사람들이 있다는 것을. 학창 시절을 더 빛나고 활발하게 보내는 사람이 있다는 것을. 사는 게 지옥이지만 그들을 보면서 힘내는 사람이 있다는 것을. 이렇게 나는 나이가 많은 사람이지만 그들에게서 충분히 많은 걸 배웠다고 말이다.

나는 그들의 존재로 인해 어떻게 살 것인가에 대한 답을 찾았다. 내가 그들만큼 좋아하는 글쓰기도 멈추지 않을 것이다. 이 마음이 닿을 수 있을 때까지, 언젠가 작고 하찮은 내가 그들에게 힘을 줄 수 있을 때까지 그렇게 열심히 글을 쓰고 싶다. 그게 내가 사는 이유이기 때문이다. 지금까지 열심히 흔들림 없이 살게 하는 이유이기 때문이다.

그런 그들의 존재가 변하지 않고 그냥 이렇게만 있어 줬으면 좋겠다. 사랑한다고 말하는 것보다 훨씬 더 좋아하고 사랑한다고, 언젠가 만나게 되는 날 나는 꼭 그들에게 고백할 것이다. 그들의 존재를 통해 나는 삶을 살았고, 지키고 싶은 것도 생겼다고. 나의 버킷리스트의 한 문장을 맡아 줘서 고맙다고. 그들의 존재가 하찮아지면 꼭 나의 이 말을 새겨 달라고. 그냥 한낱 작은 소녀의 모든 것이 그들의 존재로 인해 바뀌었다고. 그들을 나보다 더 사랑한다고 말이다.

산에서
놀면서 돈 벌기

윤교근 희망 귀산(歸山) 프로젝트 제작자

강원도 양양 송이밸리 자연휴양림 내 '캠핑장' '모노레일' '하늘나르기'를 운영하고 있는 양양 (주)레포밸리에서 근무 중이다. 임업 후계자로 지정된 후 아름다운 산, 사람과 자연에게 함께 이로운 산이라는 캐치프레이즈로 '희망 귀산 프로젝트' 개발을 구상 중이다.

• C·P 010 9597 2288

"건강하게 놀면서 돈 벌고 싶으면 산으로 가자."

반백년을 살아온 내가 이렇게 떠벌리고 다닌 지는 겨우 3년밖에 되지 않는다. 2014년 1월 갑자기 찾아온 병마로 인해 나는 살아가는 방식을 어쩔 수 없이 바꿔야 했다. 염증이 혈관을 타고 흐르고, 혈관에서 넘쳐 난 염증은 손과 발을 시작으로 온몸에 농포로 솟아났다. 염증이 관절에 머무르며 아프지 않은 곳이 없을 정도였다. 전신에 농포가 덮이고 관절마다 통증이 있는 '농포성건선관절염'이라는 희귀성 질환이었다. 결국 15년여 동안 다니던 직장을 그만두었다. 직장을 그만두었다는 생각을 할 겨를도 없이 나는 산으로 가기로 했다. 산에서 호흡하고 땀을 흘리고 쓰러져도 흙과 나무를 보며 쓰러지고 싶었다. 통증으로 잠도 제대로 이룰 수 없던 몸을 억지로 일으켰다. 목숨을 부지할 요량이었다. 고구마와 과일, 프로바이오틱스 음료와 물 등을 배낭에 한가득 챙겨 산행을 나섰다. 산 밑까지 아내가 차로 데려다주면 눈길도 마주치지 않고 임도(산불 진화, 산림 관리 등을 위해 만들어 놓은 길)를 걸었다. 하지만 1킬로미터도 걷지 못하고 한 시간을 쉬기 일쑤였다. 땀범벅이 되었고, 그 냄새는 염증 때문인지 내 코에도 역겨울 정도였다. 그러다 한 달 정도 지났을 때 임도 2킬로미터를 쉬지 않고 걸을 수 있었다. 땀에서 나는 역겨운 냄새도 많이 줄었지만 염증은 계속 피부를 뚫고 올록볼록 올라왔다. 집에서는 잠만 자고 모든 생활을 산에서 한 지 6개월쯤 되었을 때 희망이 생겼다. 농포도 눈에 띄게 줄었고 통증도 사라졌다. 땀에서 나던 고약하고 역겨운 냄새도 나지 않았다. 산도 제법 잘 올랐다. 그리고 히말라야 트레킹을 위해 10시간 넘게 비행기를 탈 정도로 건강을 되찾았다. 산의 고마움에 보답하기 위해 산에 대한 공부를 해야겠다고 마음을 다잡았다. 임업 후계자부터 되기로 했다. 임업 후계자는 1,000㎡ 이상 단기소득임산물을 생산하려는 자로 임업교육 40시간 이수자면 누구나 될 수 있다. 산림조합의 조합원 가입도 필수 아닌 필수다. 나는 4,000만 원으로 무작정 경매를 취급하는 지방법원을 찾아 나섰다.

2015년 6월, 경매에 세 번째 참여해서 간신히 9,000여 ㎡의 산

주인이 되었다. 운이 좋았는지 임도에 붙어 있는 중턱의 전망 좋은 산이었다. 그리고 임업 후계자 교육을 받고 산림조합에도 가입했다. 산을 벌채해서 기소득임산물인 도라지 등을 심고 귀촌 주택도 지을 계획이다.

"쉼 없이 움직이지 않으면 뒤처진다."

"쉼 없이 변화하지 않으면 뒤처진다."

우리는 그렇게 쉬지 않고 무엇이든 해야 한다는 강박관념에 시달리며 생활하고 있는지도 모른다. 그렇게 해야만 다른 사람과의 경쟁에서 뒤처지지 않는다고 스스로를 위안한다. 산은 그런 우리를 품어 준다. 쉬고 싶을 때 쉬게 하고 움직이고 싶을 때 움직이게 한다. 산에서 사는 데는 그리 많은 돈도 필요치 않다.

비록 작은 산이지만 텃밭처럼 산나물도 기르고 약초도 기른다. 그리고 주말이면 가족, 친구, 친척, 지인들을 불러 모은다. 밤하늘의 별도 보고, 산 바람이 전해 주는 속삭임도 듣는다. 자연스레 사람과 신뢰도 쌓고 비즈니스도 인맥도 넓히고 정도 쌓게 된다. 2018년 4월, 부동산 업자가 3배의 가격으로 나의 산을 흥정해 왔으나 팔지 않았다. 만약에 산을 팔았다면 세금을 제하고도 난 운이 좋은 것이다. 하지만 다시 산을 사려 하면 또 시간을 그만큼 투자해야 한다. 그리고 좋은 산을 만나는 것도 어렵다. 때문에 긴 안목으로 쉼 없이 조사하고 찾아다녀야 한다. 물론 차익이 8,000만 원이라는 유혹이 깊긴 했지만 산에서 인생 2막을 준비하는 나에겐 희망과 미래가 더 큰 액수였다.

산은 내 건강을 회복시켜 준 곳이다. 산은 내 재산을 늘려 주는 곳이다. 그리고 산은 가족과 친척들과의 소통의 공간이다. 마지막으로 산은 내 비즈니스 사무실이다.

가을비가 내리고 서늘해지기 시작했다. 겨울이 오면 한 폭의 수채화처럼 하얀 눈으로 덮인 산야가 눈앞에 펼쳐질 것이다. 그리고 봄이 오면 3년생 도라지도 다시 파란 싹을 틔울 것이다.

쫓기듯 살아왔던 지난날에 대한 미련과 후회는 없다. 단지 내 건강을 돌보지 않고 즐겁게 놀지도 못했던 것은 아쉬움으로 남는다. 이제라도 산에서 신선한 공기를 폐 속 가득 넣고 신나게 웃음보를 자극하고 싶다. 그리고 내가 좋아하는 사람들과 산에서 놀고 싶다. 앞으로 내 산을 더욱 늘려 많은 사람들과 정말 신명나게 놀며 경제적 자유를 누리고 싶다.

음악인으로서의
인생 2막 시작하기

한승열 MBC 음향감독, 작곡가, 가수

MBC 〈나는 가수다〉 사업 프로듀서로 활동했으며, 현재 MBC 음향감독으로 재직 중이다. 음악을 너무도 좋아한 나머지 불혹의 나이가 지나서 피아노와 작곡을 독학으로 공부했고, 앨범과 로고송을 제작하는 작곡가 겸 가수(이야기 프로젝트)다.

• Blog www.yeeyagi.com   • C·P 010 7110 2454
• Instagram yeeyagi_project

나는 축구 경기를 즐겨 본다. 특히나 국가 간 대항전인 A매치 경기는 빼놓지 않고 보는 편이다. A매치 경기는 국가의 명예가 걸려 있기 때문에 국가대표 선수들은 정말 사력을 다해 뛴다. 이 치열한 경기를 보고 있노라면 경기의 매 1분을 마치 우리 인생의 1년으로 비유하는 상상을 하게 된다.

경기 초반, 선수들은 천천히 뛴다. 하지만 시간이 지날수록 강도는 점점 더 세지다 중반 전후해서 경기력은 최고조에 달한다. 그러다 최종 시간에 접어들면 더 뛰고 싶어도 체력이 달려서 더 이상 뛸 수 없는 상황에 이른다. 경기의 끝을 알리는 휘슬이 울리는 순간. 승리한 선수는 몸은 비록 힘들지라도 기쁨을 만끽하고, 패배한 선수는 그 자리에 주저앉는다. 이러한 축구 경기의 모습은 보통 우리가 보는 모습들이다.

여기서 한 가지 중요한 점을 이야기하고자 한다. 축구 경기는 45분의 전반전이 끝나고 나면, 휴식시간을 가져야 한다. 이는 육체적인 피로를 풀기 위함도 있을 것이다. 하지만 전반전의 경기 전략이 제대로 이루어졌는지 점검하고, 앞으로 있을 45분의 후반 경기를 위해 새롭게 전략을 짜야 하기 때문이다.

인생도 마찬가지라고 본다. 우리는 45년간 지나온 인생을 돌이켜 보고, 앞으로의 남은 삶을 위해서 어떻게 전략을 짤지 고심해야 한다. 그것이 40대에 우리가 꼭 해야 할 일이라고 생각한다.

우리는 누구나 축구 경기에서처럼 인생에서 승리하는 선수가 되고 싶지 않은가? 그렇다면 이러한 생각을 해 보는 건 어떨까?

'어릴 적 나의 꿈이 지금의 나였을까?'

'만약 지금의 나의 위치를 어릴 적에 미리 알았더라면, 과거의 삶을 그대로 살았을까? 아니면, 지금의 내가 되지 않기 위해 더 열심히 살려고 했을까?'

만약 여러분이 이 질문에 대한 답을 찾게 된다면 후반전의 경기력은 월등히 좋아질 것이다. 모든 경기를 마친 후의 모습은 과거 자신이 꿈꾸던 모습이 되지 않을까?

40대 중반이 되면 누구나 성공과 실패를 거듭하며 내공이 쌓이게 마련이다. 나 역시 꿈 많은 청춘기에는 잘나갈 때도 있었다. 하지만 우울한 시기도 있었다. 대학교 공부보다는 나의 문화적 혁명기를 즐기며 데카르트의 경험주의를 실천하려 한 적도 있었다. 그러나 이러다간 안 되겠다 싶어 군 입대를 자원했다. 제대 후에는 남보다 뒤처진 공부를 만회하기 위해 고시공부를 시작했다. 3년간의 열공 끝에 최종 합격에는 실패했지만, 대신 방송국 공채 합격의 영광을 안게 되었다.

　그러나 40대에 접어들면서 10년 이상의 방송국 생활도 여느 회사처럼 똑같은 일상의 반복이었다. 그리고 대부분의 40대 직장인들처럼 이제는 가정을 책임져야 하는 입장이 되었다. 그러므로 회사를 벗어나서 경제적인 자유를 누리기란 현실적으로 쉽지 않게 되었다. 애들 학원비며 매달 집 앞으로 날아오는 공과금 용지, 그리고 주택담보대출 이자 등. 배부른 생각일 수도 있겠지만, 40대에 들어서니 이러한 생각이 자꾸 떠오른다.

　'내가 정말 해 보고 싶은 일은 뭘까?'

　불혹의 나이에 원치 않게 다른 부서로 발령이 난 적이 있었다. 그 부서에는 피아노가 한 대 있었다. 어찌 보면 그게 나에게 찾아온 또 한 번의 행운이었는지도 모른다. 나는 아주 어릴 적 피아노를 배운 기억이 어렴풋이 남아 있다. 그러나 그다지 좋은 추억은 아니었다. 시작한 지 두 달 만에 그만뒀기 때문이다.

그 이유는 당시 음악학원 선생님이 '높은음자리표'와 '낮은음자리표' 쓰기만 한 달 동안 연달아 연습시켰기 때문이다. 그나마 두 달째에는 '도레 도레 도도도도…' 정도의 건반 누르기 연습만 강요당했다. 어린 나이에도 '이게 뭐 하는 건가?' 싶었던 기억이 난다. 그런 안 좋은 기억에도 여전히 나는 피아노에 대한 로망을 갖고 있었다.

그런 나의 로망인 피아노가 내 앞에 있었다. 여전히 직장을 다니고 있었고, 출퇴근이 불규칙적이라 학원을 다니는 것은 현실적으로 불가능했다. 그래서 독학으로 피아노 반주법을 공부하리라 마음먹었다. 나는 다시 예전의 기억을 상기하며, 쉬는 시간마다 손가락 연습부터 시작했다. 그때 내 나이 마흔한 살….

이제는 손가락이 굳은 데다, 양손을 사용하다 보니 내 마음과 몸은 따로 놀고 있었다. 그래도 조금씩이라도 매일매일 연습했다. 시간이 지나고 차츰 익숙해지자 C코드('도미솔') 화음에 도전했다. 그다음으로는 D코드, E코드, F코드….

하나씩 하나씩 코드를 칠 때마다 손가락이 무겁게 느껴졌다. 하지만 내 마음만은 왠지 가벼워지고 있었다. 이렇게 시간이 흘러 실력이 조금씩 늘고 있음을 느꼈다. 이건 마치 어릴 적 네발자전거를 타다가 큰마음 먹고 뒤의 뒷바퀴를 떼어 내어 두발자전거에 도전하는 기분이었다. 처음엔 계속 넘어지다가 어느 순간에 본능적으로 균형을 잡기 시작해서 점점 더 오랫동안 앞으로 전진하는 두발자전거를 타는 기분. 이런 기분을 느끼는 건 정말 오랜만이었다.

이제는 단순한 C코드('도미솔')에서 변형을 줘 봤다. '시미솔'. 소리가 왠지 그냥 C코드보다 세련되게 들렸다. 이건 일종의 CM7(C메이저7th)이라는 걸 나중에야 알게 되었다. 이렇게도 쳐 보고 저렇게도 쳐 보고. 그냥 피아노를 갖고 놀았다. 아니 '소리'를 갖고 놀았다는 게 더 맞는 표현인 것 같다. 이렇게 시간이 흘러 피아노를 편안하게 치고 있는 나의 모습을 보게 되었다. 그러자 어느 순간 예전에 내가 꿈꿨었던 모습이 현실로 이뤄졌음을 깨닫게 되었다. '맞아, 이게 내가 예전에 꿈꿨었던 그 장면이었지?' 하고 말이다. 꿈은 이젠 그냥 현실이 되었다.

그다음으로는 '작사, 작곡'에 도전했다. 내가 원하고 상상하는 멜로디로 직접 노래를 만들고 싶었기 때문이다. 처음엔 많은 시행착오가 있었다. 사실 음악이론에 관련된 책들도 많이 보긴 했지만, 머릿속에 딱히 안착시키기는 힘들었다. 이걸 실제로 어떻게 적용시킬지도 막막했었다. 그래서 그냥 내가 원하는 멜로디에 피아노 코드를 여러 가지 방법으로 적용시켜 보았다. 이렇게도 쳐 보고, 저렇게도 쳐 보고… 어색하지 않을 때까지 수십, 수백 번을 반복했다. 결국 여러 번의 시도 끝에 멜로디와 코드를 완성하게 되었다.

이제는 '가사'를 넣어야 한다. 처음엔 노래 주제를 무엇으로 정해야 할지 너무도 막막했다. 사랑? 이별? 첫 곡은 그냥 '나의 이야기'라고 테마를 정했다. 왠지 편안하게 가사가 나올 법도 했다. 그냥 나의 이야기를 적으면 되었으니까. 그러나 그 '나의 이야기'가 나의 이야기만이 아닌 많은 사람들도 공감할 수 있는 이야기이고 싶었다. 음과 박자에 맞춰 하나하나 수정해 가며 어색하지 않은 음률로 '나의 이야기'라는 노래 가사를 썼다.

나 어릴 적 그 꿈들은 시간이 흘러 구름에 가려
어쩌다 하늘을 보아도 아무 감정도 없는 흐린 현실
나 앞만 보고 달려왔어. 그러나 지금 이건 아니야. 아니야.
다시 되돌아서 지난 나의 길을 정리하려 해.

한땐 나도 잘나갈 때 있었지. 그땐 내 맘대로 할 때였으니까.
하지만 지금 내가 서 있는 이 길 위에는 끝도 보이지 않는
방황의 길.
이젠 가려 해. 진정 나의 길.
다른 사람들의 시선 따윈 신경 쓰지 마. 오직 나 하나만을 믿고
서 나는 가려 해.
이젠 가려 해. 나만을 위한 나의 길
오직 나를 위한 나의 길

'내가 드디어 해냈구나!' 하고 느끼자 황홀 그 자체였다. 이렇게 해서 나는 총 3곡을 작업했다. 그리고 이 작품들이 최종적으로 완성되기까지 거의 5년이란 시간이 걸렸다.

군대에 있을 때 우연히 어느 책상 윗면 유리 속에 납작하게 눌려 있던 종이쪽지의 글귀가 내 눈에 들어왔다. 그 글의 내용은 아직도 내 머릿속에서 지워지지 않고 있다. 이 글이 내가 여러분께 꼭 전하고 싶은 '나의 이야기'다. 다음은 폴 마이어의 성공철학 중의 한 글귀다.

"내가 마음속에 그린 것을 생생하게 상상하고, 간절히 바라며, 진심으로 믿고, 열의를 다해 행동하면, 그 일이 무엇이든 반드시 현실로 이루어진다."

만약 여러분이 아직 전반전 경기를 뛰고 있는 중이라면 나보다 더 나은 조건일 것이다. 나 역시 앞으로도 나의 인생을 계속 노래할 것이다. 나는 이제 내 인생의 후반전 전략을 짜기 시작했다.

죽
기

전
에

꼭

하
고

싶
은

것
들

여수정 박하늘
김 진 백장미
이신우 염지혜
이지훈 문유진
이성현 여동현
류현미

매년 1회 이상
나에게 최고급 세계여행 선물하기

여수정 4Life Research GID 라이프 코치, 드림 코치, 자기사랑 멘토, 다이어트 컨설턴트, 건강관리사, 작가, 동기부여가

세 아이를 둔 가정주부로 정말 열심히 살았다. 하지만 언제부터인가 공허함과 우울증 그리고 비만으로 몸도 마음도 많이 힘들고 지쳐 갔다. 우연히 알게 된 면역식품으로 건강을 찾고 사업을 시작하면서 새로운 삶에 대한 희망이 생겼다. 현재 성공한 사업가로서 더 많은 사람들을 도우며 함께 성공하는 꿈을 꾸고 있다.

• E-mail carita84@naver.com
• Instagram yeo.sujung7069
• C·P 010 3804 7069
• Facebook carita84

내가 진정으로 원하는 것은 자유다. 어디에도 구속되지 않고, 하고 싶은 것을 마음껏 할 수 있는 자유를 가진 사람. 나는 그런 사람이 되고 싶다.

어릴 때 나는 마리 퀴리 같은 위인이 되고 싶었다. 한계를 극복하고 과학사에 길이 빛날 연구와 발견으로 인류에 공헌한 여성 과학자! 그녀는 그녀가 발견한 라듐 원소를 팔아 백만장자가 될 수 있었음에도 과학은 모두의 것이라며 그렇게 하지 않았다. 전장의 병사들을 구하기 위해 엑스선을 들고 전쟁터로 달려가는 희생정신

을 보여 주었다. 정말 멋진 여성 아닌가? 나도 그런 위인이 되고 싶었다. 그러나 그렇게 되지 못했다. 충분히 행동하지 않았고, 끈기가 부족했기 때문이다.

예전에 언젠가 어린 시절의 꿈을 시아버님께 이야기한 적이 있었다. 그때 가만히 듣고 계시던 시아버님의 첫마디는 "허영이다."였다. 한 번도 그렇게 생각해 본 적이 없었는데 '내가 허영덩어리구나, 그렇게 비쳐지는구나'라고 받아들여져 충격이었다.

세상 사람들에게는 세 가지 욕구가 있다고 한다. 돈, 명예, 지위. 그중 나는 명예욕이 강한 사람이다. 늘 남에게 잘 보이고 싶고, 칭찬받고 싶고, 인정받고 싶고, 좀 더 나아지고 싶다. 그러나 이런 욕구는 나쁜 것이 아니다. 사람마다 추구하는 것이 다를 뿐이다. 그 바람을 실현하기 위해 노력하지 않고 바라기만 할 때 우리는 그 마음을 욕심이라고 한다. 그래서 시아버님도 '허영이다'라는 말씀으로 행동하지 않고 헛된 꿈만 꾸는 나의 정신을 확 깨어나도록 하신 것 같다.

나는 정말 제대로 실천하는 사람이 되고 싶었다. 그러나 현실의 나는 내가 바라는 나와는 너무나 달랐다. 결혼하고 세 아이를 키우면서 아이도 제대로 못 키웠다. 살림도 요리도 제대로 하지 못했다. 센스도 없고, 재테크도 제대로 못했다. 나는 뭐 하나 잘하는 게 없는 나 자신이 정말 싫었다.

다 잘하고 싶은데 다 잘 못했다. 사람들이 나를 비웃는 것 같고, 못마땅하게 여기는 것 같고, 한심하게 보는 것 같았다. 매일이 힘들었다. 그래도 '예전의 나는 꿈도 있었고, 참 반짝반짝 예뻤는데…. 지금 이 모습은 내가 아니다'라고만 생각되었다. 그런 생각을 하면 할수록 우울했다. 그 우울의 끝은 늘 '나 같은 건 없어져야 해. 그래야 다른 사람들이 행복해져'라는 좌절이었다.

나의 몸은 점점 살이 찌고 망가져 갔다. 극도의 무기력증이 나를 덮쳤다. 아이들의 소리도 잘 들리지 않았다. 아이들과 가족의 요청과 요구들이 나에게 퍼붓는 비난으로 여겨졌다. 멀리 도망치고 싶었다. 분명 잘못되었다. 분명 이 상황이 잘못된 것은 알겠는데 벗어날 방법도 힘도 없었다. 그렇게 헤매다가 우울증 약을 먹기 시작했다. 약을 먹으면 정신이 더 몽롱해졌다.

그때 기적이 일어났다. 우연히 남편으로부터 전해 들어 알게 된 면역정보전달 물질 트랜스퍼펙터를 먹게 되면서 나는 달라지기 시작했다. 트랜스퍼펙터는 면역 조절을 담당하는 우리 핏속의 핵심 물질이면서 먹을 수 있게 나온 식품이다. 처음엔 '건강기능식품? 다 거기서 거기지'라고 생각했었다. 그런데 먹기 시작한 지 며칠 만에 몸에서 힘이 나고 활기가 돌고 머리가 맑아지기 시작했다. 우울증 약은 더 이상 필요 없게 되었다. 살도 빠지기 시작했다. 신기했다. 놀라웠다. 궁금했다. 이게 무엇인데 이런 변화가 나타나지? 나는 그것을 알아보기 시작했다. 그리고 건강뿐만 아니라 내 삶을 변화시킬 수 있는 놀라운 비전을 보게 되었다. 가슴이 뛰기 시작했다. 나도 지금과 다르게 살 수 있을까? 나도 멋지게 살아 볼 수 있을까?

희망은 살아가야 하는 이유를 준다. 희망이 생기고 이유가 생기면 행동한다. 나에게 새 직업이 생겼고, 5년째 신나게 달리고 있다. 높은 성취를 이루어 내고 있다. 내가 잘하는 것이 있다는 것을 발견했다. 내가 다른 사람에게 도움을 줄 수 있는 쓸모 있는 사람이라는 것을 알게 되었다. 앞으로 내 앞에 어떤 어려움이 닥쳐도, 무슨 일이 일어나도 잘해낼 수 있다는 자신감이 생겼다. 내 삶의 질은 완전히 달라졌다. 그리고 새로운 꿈과 목표가 생겼다.

우선은 내가 하고 있는 일에서 최고의 성과를 내고 싶다. 그렇게 하는 동안 더 많은 사람을 도우며 선한 영향을 주는 사람이 되고 싶다. 나처럼 삶이 힘들다고 느끼며 지쳐 있는 사람들에게 용기와 희망을 주는 사람이 되고 싶다. 마음을 만지고 소통하며 함께하는 진정한 리더가 되고 싶다.

그렇게 되기 위해 나의 경험 및 도움이 되는 내용들을 담은 베스트셀러도 출판하고 싶다. 상처받은 사람들의 마음을 치유하고 희망을 주는 세계 최고의 강사로 이름도 날리고 싶다. 내가 행복해지고, 사람들이 저마다의 꿈을 꾸고 실현하도록 도와서 세상에 행복한 사람들이 점점 더 많아진다면 세상은 달라질 것이라 믿는다. 이 세상에서 나를 바꾸는 일처럼 어려운 일은 없다. 그렇기 때문에 나를 바꿀 수 있다면, 다른 사람과 세상도 바꿀 수 있다. 그게 내가 생각하는 성공이다.

성공으로 가는 과정 중에 중간 목표들을 달성해 갈 때마다 나에게 선물을 줄 것이다. 그 선물은 바로 세계여행이다. 5년 전 일을 하기 시작하면서 처음으로 가족과 함께 필리핀 세부로 여행을 갔었다. 정말 즐겁고 좋았다. 더구나 그 여행이 열심히 일해서 낸 성과에 대한 선물이었기 때문에 더욱 뿌듯하고 행복했다.

나는 TV프로그램 중에서 '꽃보다 시리즈'를 참 좋아한다. 세계 곳곳의 아름다운 여행지들을 여행하는 출연자들처럼 나도 그러고 싶다는 바람이 있다. 가고 싶은 아름다운 세계의 여행지들을 내 성공을 성취해 가는 과정 중에 선물로 하나씩 준다면… 아, 그런 상상만으로도 너무너무 행복하다.

앞으로 살아가는 내내 매년 1회 이상 우아하고 환상적인 최고급 세계여행을 나를 위해 선물할 것이다. 그리고 그러기 위해 나는 더욱 열정적으로 살아갈 것이다. 매일매일 변화하고 성장해 1년 후, 5년 후, 10년 후, 20년 후 더욱 멋진 삶을 살아가게 될 미래의 내 모습이 오늘도 내 가슴을 뛰게 한다. 사랑하는 나를 위해 파이팅!

어른스럽게 성장한
서른다섯 살 되기

박하늘 1인 기업가

일반회사 사무직으로 일하고 있으며, 그와 동시에 온라인으로 1인 기업을 운영하는 사업가다. 연 매출 3억 원의 성장을 향해 가고 있는 1인 기업을 운영하며, 마음공부를 통해 사람들과 소통하고 있다. 현재 3권의 개인저서를 준비 중이며, 활동을 더 넓혀 갈 계획이다.

· E-mail. lovelyneuli@naver.com

서른두 살. 얼마 전 나는 '첫 이별'을 했다. 많은 사람을 만나진 않았다. 하지만 스무 살부터 2주 이상의 공백 없이 끊임없이 남자 친구를 만나 왔다. 그랬던 터라 나는 어쩌면 모든 청춘들이 겪고 또 겪는 이별을 서른두 살에 처음 겪었다고 해도 무방하다. 그 때문인지 30대가 되어서도 나는 미성숙했다. 나 스스로를 사랑하지 않아서 외로움을 많이 탔다. 그 결과 늘 생활밀착형 연인을 원했다. 즉, 나는 나만의 시간이나 공백이 어색한 사람이었다.

그런 의미에서 이번 이별은 특별하다. 결혼까지 약속했던 사람이었다. 나를 한계로 몰아가고 단단하게 하면서까지 맞춰 갔을 만큼 많이 사랑했던 사람이었다. 하지만 냉철하게 나의 수명을 백이십 살로 보았을 때, 최소 90년을 같이할 사람인가 생각하자 아니라는 판단이 내려졌다. '이별'을 선택할 수밖에 없었다.

나는 이 공백이 어색하지 않은, 나 자신을 온전히 사랑할 수 있는 사람이 되겠다고 다짐했다. 그러곤 내 인생을 설계하기 시작했다. 그 첫 번째 작업이 되고 싶은 나의 모습을 '상상'하는 것이었다. 《백만장자 코스》라는 책에서 마크 앨런은 모든 것은 꿈에서 시작되며, 먼저는 꿈을 꾸듯 상상의 나래를 펼치고, 5년 후에 자신이 되고 싶은 모습을 상상해 보라고 했다. 나는 그 말을 참고해 나의 미래에 대한 상상의 시간을 가졌다.

다음은 '죽기 전에 그렇게 되었으면 싶은 나의 하루 일과'다. 3년 후의 나의 모습을 종이 위에 그리고, 그 위를 걸어가 본다.

"띠링, 또로." 새벽 4시에 맞춰 놓은 알람소리에 깨어 바로 알람을 껐다. 협탁 위 스탠드조명을 켜 보니 다행히 남편은 곤히 자고 있다. 역시 잘 잔다. 조각같이 생긴 미남은 아니지만 참 책임감 있게 잘생겼다.

3년 전부터 들인, 새벽에 일어나는 습관이 새삼 뿌듯한 하루다. 감사하다는 말이 절로 나온다. 부엌으로 가서 물을 한 잔 마시고 기지개를 쭉 켠다. 그러곤 미리 깔아 둔, 초록빛이 도는 진한 남색 요가매트 위에 올라간다. 한 시간 운동 직후에 우유에 단백질을 타서 한 잔 먹는다. 그러곤 땀범벅이었던 만큼 샤워를 하고 나온다. 역시 운동은 상쾌하고 하루의 시작으로 이만한 게 없는 것 같다.

그렇게 몸을 부스팅시키고 나니 남편의 얼굴이 보고 싶다. 그래서 침대로 가서 남편 얼굴을 한번 쓰다듬고 뽀뽀세례를 퍼붓는다. 남편은 "으으으" 하다가 다시 잠든다. 그 모습을 보고 나는 사랑한다고 말하고 다시 거실로 나온다. 그러곤 내 티 테이블 겸 공부 책상인 넓은 탁자에 앉아서 책 한 권을 읽는다. 참 마음이 깨끗해지고 상쾌해진다.

이제 창 안으로 해가 들기 시작한다. 넋을 놓고 바라보다 보니 남편이 일어나서 좀비처럼 걸어 나에게 온다. 옆에 앉아서 얼굴을 내 어깨에 기댔다가 뽀뽀했다가 "이제 일어날게." 하며 굼뜨게 움직인다. 아직도 신기하다. 나 혼자 살던 공간인데. 여기에서 한 남자가 같이 눈뜨고 자고 생활하다니…. 새삼 놀라우면서도 입가에 미소가 머문다. 행복하다.

얼마 전 새로 시작한 원고를 쓴다. 그러고 있자 씻고 나온 남편이 왔다 갔다 수선을 부리더니 이내 맛있는 아침을 만들어 온다. 내가 좋아하는 바싹 구운 쌀 토스트와 버터, 딸기잼, 베이컨과 스크럼블에그다. 우유랑 먹으니 너무 맛있다. 연애할 때 매일 호텔 조식처럼 먹고 살았으면 좋겠다고 했더니 그걸 기억하고 진득하게 매일 아침을 차려 주는 우리 남편. 참 멋있다. 이렇게 행복하려고 내가 3년 전에 그 사람과 헤어졌었나 보다.

곧 남편이 거실에 앉아서 책을 본다. 햇볕이 등 뒤를 비추는 걸 보자니 참 책 읽는 남자가 멋있다는 생각이 든다.

남편은 출근 준비를 시작한다. 9시 반인데… 하지만 저렇게 느긋할 수가 없다. 처음엔 회사 대표다운 모습이 하나도 없어서 나한테 사기 치는 건 아닌가 싶었다. 신기한 사람이다. 수수하게 차려입고 어디 산책이라도 다녀오는 사람처럼 다녀올게 한다.

쓰던 원고를 오늘 목표까지 어느 정도 마무리한다. 그러곤 우리 직원들과 연락하면서 회사를 돌린다. 그리고 얼른 화장하고 죽전동으로 건너간다. 비슷한 에너지를 가진 우리 멤버들을 만나기 위해서다. 오늘은 한 친구 집에서 맛있는 점심을 준비한다고 해서 온 것이다. 파스타에, 직접 구운 피자에. 진짜 외식 나온 것처럼 맛있게 먹는다. 그러면서 각자 하는 재테크에 대해서 이야기를 나눈다.

그러다 보니 4시가 되었다. 남편이 퇴근하고 장 보러 가자고 연락해 온다. 오늘은 이마트 트레이더스로. 한 시간을 빙빙 돌며 이건 어떻고 저건 어떻고 수다를 떤다. 결국은 김치찌개에 넣을 돼지고기 8,000원어치와 둘 다 좋아하는 녹차 아이스크림만 카트에 담아서 계산한다.

장 본 것으로 같이 김치찌개를 끓인다. 남편이 한 숟갈 떠먹더니 역시 우리 와이프 음식이 최고라고 칭찬한다. 신이 난 나는 친정 엄마 레시피로 만든 가지양념구이도 후딱 만들어 낸다.

우리는 밥을 먹을 때 참 수다스럽다. 남편 성격이 그래서인지 더 그런 분위기가 형성되는 것 같다. 오늘 회사에서 어쩌고, 운전하는데 어쩌고저쩌고. 그러다 이번 주에 친정 식구들과 제주도의 별장에 같이 가기로 한 것에 대해서 종알종알. 곧 이사 갈 집에 대해서도 종알종알. 내가 친구들 만난 이야기도 종알종알…

그때 오늘 분위기가 들떴다 싶더니 불꽃놀이를 한다. 와… 몇 번 보긴 했지만 남편과는 두 번째로 이 집에서 같이 보는 불꽃놀이다. 남편과 나는 오늘이 무슨 날이냐며 꼭 우리 연애할 때 같다고 좋아한다. 둘 다 입을 쩍 벌리고 한참 불꽃놀이를 바라본다. 그러다 신이 난 우리 남편이 욕실로 가 물을 받고 거품을 내 준다. 내가 좋아하는 향으로. 잠시 멈춰 서 말을 잇지 못하고 생각한다. '아, 이렇게 나는 내 보물지도 한쪽 리스트에서 튀어나온 내 남편과 살고 있구나. 너무 행복하다.'

상상으로 만난, 죽기 전 이루고 싶은 나의 일상. 미리 이런 삶을 예약해 둔 것처럼 마냥 설렌다. 지금과는 다른 느낌의 행복일 것이다. 그때 나는 공백이 전혀 어색하지 않고 자기사랑으로 가득 찬, 어른스럽게 성장한 서른다섯 살이 될 것이다.

도전하며
내 삶의 재산 늘리기

김　진　네이버 〈자향〉 카페 매니저, 사주명리학 상담가

사람들이 궁금해하는 명리학에 대해 가르쳐 주고, 어둠 속을 걷고 있는 사람들에게 도움이 되고자 네이버 카페 〈자향〉을 운영하고 있다. 삶에 지친 많은 사람들에게 희망을 주는 역할을 하고 있다. 삶에 희망을 주는 멘토가 되기를 희망하고 노력하는 상담가다.

　　난 내 재능이 뭔지 잘 모른다. 나는 평범하게 자랐다. 하지만 좋게 말해 평범한 것이다. 나쁘게 말하면 꿈도 능력도 아무것도 가지지 못한 그저 그런 사람이었다. 결혼하고 나서는 경력단절 여성이 되었다. 오로지 가정주부로서 "오늘 반찬으론 뭘 하지?", "애들 준비물 챙겨야 하는데." 등 나의 일상은 항상 남편과 아이들 위주였다. 그런 생활 속에서 나의 재능이 뭔지도 모른 채 하루하루를 살아가고 있었다.

　　그런 나에게 평범하지 못한 취미가 하나 있었다. 그것은 미래를 불안해하며 찾아다니는 철학관 순례였다. 그러니 그 금액이 만만치

않았다. 어느 날 시누이가 점을 잘 본다고 말해 준 곳을 찾아갔다. 그런데 그 철학관 아저씨의 말씀들을 들으며 '나도 공부하면 내 가족 것은 볼 수 있겠구나. 그럼 돈과 시간을 낭비하지 않아도 되겠구나' 하는 생각이 들었다.

그러곤 집에서 인터넷으로 검색하기 시작했다. 그렇게 인터넷에서 찾은 명리학 카페는 내 인생을 바꿔 놓고 재능을 찾아 준 곳이기도 하다. 그곳에는 부시맨이 콜라병을 찾아 주기 위해 머나먼 여정을 떠나는 것처럼 부시맨의 눈에 비친 콜라병의 신기함이 고스란히 묻어 있었다. 그것은 마치 내가 부시맨이 되어 콜라병을 들고 여기저기 기웃거리는 모습과 같았다.

그 신기함은 나의 호기심을 자극했다. 그리고 그 자극은 결국 그 카페의 스태프가 되는 영광까지 안겨 주었다. 그 카페는 당시 명리학 카페로서는 아주 많은 회원 수를 자랑했다. 현재 그 카페는 네이버의 대표 카페가 되어 있다. 그곳에서 난 궁금한 명리학에 대해 집요하게 물어 가며 다른 사람들의 인생에 관여할 수 있는 수준에 오를 수 있었다.

나의 욕심이 마그마처럼 끓어오르고 있을 때 어떤 여성분의 블로그를 보게 되었다. 그 블로그를 보면서 "나도 이분처럼 될 수 있을까?"라며 부러움에 몸서리쳤다. 그러곤 그녀를 나의 롤모델로 삼았다. 그 몸서리쳤던 부러움이 내가 네이버 카페를 만들고 블로그도 멋지게 운영할 수 있는 큰 밑거름이 되었다.

그저 그런 주부였던 내가 지금은 회원 수가 3,800명이나 되는 카페 매니저가 되었다. 다음이나 네이버에 명리학 관련해서 검색하면 내가 쓴 글들이 나온다. 가끔 이게 뭔가 싶을 정도로 신기하기도 하다. 하나하나 단계를 밟아 가면서 좌절할 때도 많았다. 나와 다른 생각을 가진 이들로부터 공격을 받는 일들도 비일비재했다. 나의 활동으로 인한 가정불화도 있었다. 때문에 마냥 좋은 것만은 아니었다.

명리학이라는 공부는 하면 할수록 어려웠기 때문에 포기하고 싶을 때도 참으로 많았다. 춘추전국시대에 공자가 노나라를 떠나 제나라에 가서 정치가로서의 뜻을 펼치려 했다. 하지만 받아들여지지 않았다. 그 후로도 공자는 제후국을 드나들며 정치가로서의 뜻을 펼쳐 보고 싶어 했다. 하지만 현실과 맞지 않는다는 이유로 그 뜻을 펼치지 못하고 늦은 나이에 《주역》을 접하게 된다. 책의 가죽 끈이 세 번이나 끊어지도록 공부하며 뒤늦게 이 《주역》을 공부한 것을 후회했다고 한다. 더 공부하고 싶었지만 나이가 있다 보니 그러지 못했다. 대신 공자는 후학들을 위해 《공자십익》을 남기셨다.

《공자십익》에 대해서도 후학들 사이에서는 많은 말들이 있다. 하지만 어쨌든 공자가 남긴 《공자십익》으로 인해 주역에 대해 많은 공부가 이루어진 것은 사실이다. 공자가 《공자십익》을 남김으로써 후학들에게 큰 도움을 주었다고 해서 내가 공자를 좋아하는 것은 아니다. 난 공자의 융통성 없음에 늘 답답함을 느끼는 사람이기도 하다.

그러다 우리나라 명리학계의 거목들이 남긴 저서들을 보면서 나에게도 큰 꿈이 생겼다. 어느 학문이든 그것을 공부하는 데는 앞서간 분들이 남기신 책들이 엄청난 도움이 되기도 한다. 그런 면에서 내가 공부하면서 마주쳤던 어려웠던 부분들을 후학들이 쉽게 이해할 수 있게끔 글을 써 보고 싶은 욕심, 아니 꿈이 생기기 시작했다.

그 꿈은 3년 전부터 생겼지만 아직도 늘 그 꿈을 꾸며 살아가고 있다. 그런 중에 나에게 큰 기회가 이렇게 찾아왔다. 공동저서라지만 나에게는 큰 기회가 아닐 수 없다. 책이라는 큰 꿈을 이루기 위한 작지 않은 밑거름이 되지 않을까 싶기 때문이다. 그런 나의 꿈이 가만히 있는데 생긴 것은 아니다. 난 끝없이 도전한다. 실패를 생각하며 도전한다. 꿈은 쉽게 이루어지지 않기 때문에 언제나 그 꿈을 향해 도전하고 도전해야 한다.

내가 죽기 전에 하고 싶은 일은 명리학 관련 저서를 남기는 것이다. 주변 사람들에게 꿈에 도전해 보라고 권유하면, 다들 이렇게 말한다. "나는 못해요. 절대 할 수가 없어요." 해 보지도 않고 처음부터 도전을 두려워한다. 그러나 그들에게 희망을 주고 도전할 수 있는 계기를 자꾸 만들어 주다 보면 결국에는 "나도 할 수 있었네." 하며 변하기도 한다. 그런 모습을 보면서 이들을 위한 책도 내고 싶다고 생각했다. 그렇게 내가 죽기 전에 하고 싶은 리스트에 또 하나의 내용이 첨가되었다.

난 명리학뿐만 아니라 모든 것에 관심이 많다. 《논어》의 〈학이(學而)〉편 첫 문장에 이런 구절이 나온다. "학이시습지(學而時習之)면 불역열호(不亦說好)라." 이는 '배우고 꾸준히 익히면 그 또한 기쁘지 아니한가'라는 뜻이다. 이 문장을 보면서 배우고 또 익히는 것이 살아가면서 우리에게 얼마나 중요한 과제인지 새삼 깨닫게 된다. 배우기만 하고 익히지 않는다면 아무 소용이 없기 때문에 나는 나의 배움을 늘 꾸준히 익히고 있는 중이다.

우리는 100미터 달리기 인생보다 마라톤 인생을 살고 있다. 그러므로 급하게 나아가기보다는 서서히 목적지를 향해 달려가야 한다. 그 목적지가 비록 험난한 길일지라도 한발 한발 나아가다 보면 언젠가는 그 목적지에 도달할 수 있음을 안다. 때문에 힘들어도 포기하지 않고 나의 꿈을 향해 나아갈 것이다. 너무나 보잘것없는 삶을 살아온 나에게 어느 순간 새로운 삶이 펼쳐지기 시작했다. 그러면서 나에게도 큰 꿈이 생겼다. 그리고 꿈을 꾸기 시작하자 도처에 그 꿈을 실현할 수 있는 기회들이 널려 있다는 것을 알게 되었다.

지금도 내가 하고자 하는 바를 생각하고 주변을 둘러보면 가는 곳마다 "너에게 기회를 주노라." 하며 나에게만 보이는, 대문짝만 한 플래카드가 여기저기 걸려 있다. 나는 그 플래카드 속의 기회를 잡기 위해 도전에 도전을 거듭하고 있다. 내가 죽기 전에 하고 싶은 일이라는 도전도 나에게 하늘이 주신 큰 기회가 아닌가 싶다.

이 기회를 잡는 날 난 도서관에서 책을 빌려 읽고 도서관의 매점에서 라면과 김밥을 먹고 집으로 오는 길이었다. 기회가 기회를 낳는다는 말이 나에게 현실로 다가온 날이기도 하다. 그날 도서관에서 집까지 40분 거리를 오는 도중 눈에 띈 광고는 프리마켓 광고였다. 나도 모르게 전화번호를 입력하고 집에 오자마자 전화를 걸어 접수했다.

접수 당시 딱히 도전할 물품도 생각나지 않았다. 하지만 일단 저지르고 생각하기로 했다. 그런데 희한한 게 전화를 끊고 생각하니 내가 만들 수 있는 것들이 많았다. 도라지 정과, 보리술 빵, 찹쌀 약과, 소시지 빵 등등. 모두 수제다. 내가 죽기 전에 하고 싶은 일 중에 프리마켓 참여도 있었다. 그 기회가 책을 쓸 수 있는 기회와 함께 찾아온 것이다. 하고자 하는 용기를 가지니 이렇듯 기회가 주어진다는 것을 새삼 깨닫게 되었다. 도전은 나 자신만이 만들 수 있는 유일한 삶의 재산이기도 한 것 같다. 오늘도 난 내 삶의 재산을 조금씩 써 가고 있다.

죽기 전에 꼭 하고 싶은 것들

해피 에듀 밸리
교장 되기

백장미 영어교육 전문가, 자서전 쓰기 코치, 미래학 전문가, 강연가, 작가

영어교육학으로 석사학위를 받았고, 대구 가톨릭대학교 다문화학 박사과정을 밟는 중이다. 교육학과 사회학을 8년간 연구했고, 블로그, 카페, SNS 등을 통해 크리에이터를 발굴해 MCN 회사를 운영할 예정이다. 저서로는 《공부가 맛있어지는 캠프》가 있고 자전적 에세이를 출판 준비 중이다. 현재 사회현상을 관조한 4차 산업 혁명과 중년의 삶을 주제로 개인저서를 집필 중이다.

• C·P 010 9345 0575

나에게는 즐겨 애송하는 시가 있다. 장석주의 〈대추 한 알〉이라는 시다.

저게 저절로 붉어질 리 없다
저 안에 태풍 몇 개
저 안에 천둥 몇 개
저 안에 벼락 몇 개

- 중략 -

저 안에 초승달 몇 날이 들어서서

둥글게 만드는 것일 게다

대추야

너는 세상과 통하였구나

나는 대한민국에서 20여 년을 전업주부로 살아왔다. 어떻게 보면 세상과 단절된 삶의 시간들인 것 같다. 하지만 스마트폰의 발달로 늘 세상은 내 손안에서 꿈틀거리는 듯했다. 오히려 여유로운 시간들 덕분에 넘쳐흐르는 각종 정보를 일일이 검증하고 받아들였다. 그러곤 삶의 지혜를 다방면에서 축적해 올 수 있었던 삶이었다. 부지런히 시대를 공부하며 저 대추 한 알의 심정이 되어 보았다.

나는 원래 교육학자였다. 영어교육학 석사학위는 장롱 속에서 잠자고 있지만 본능 속에서는 언젠가 이룰 꿈의 목록 1순위에 자리매김하고 있었다. 20여 년을 한 남자의 아내로, 한 아들의 엄마로 살아온 여자의 일생에도 소확행은 있었다. 자연식 위주의 식단을 차리며 주방에서 행복한 시간을 보냈었고, 좋아하는 차 공부를 하며 찻잎을 직접 따서 말리고 볶았다. 그렇게 향을 담아내는 데 정성을 쏟았다. 육아에 울고 웃으며 자녀를 키워 내는 일에도 최선을 다했다.

그러나 나는 이제 다른 길을 가고 싶다. 오래전에 꿈꾸었던 일,

죽기 전에 내가 하고 싶은 일은 아이들이 행복한 학교를 세우는 것이다.

공부하기 싫은 학생에게만 입학 자격이 주어지는 학교를 세우고 싶다. 공부와 담쌓은 아이들을 데려다가 무얼 하려고? 글쎄다. 손으로 모래 그림도 그려 보고, 말도 타 보고, 하루 종일 냇가에서 입술이 파래지도록 물놀이도 해 보고, 봄이면 버들강아지 줄기 꺾어 피리도 만들어 불어 볼 것이다. 자연과 하나 되어, 내가 풀이고 풀이 물이고 바위가 되는 합일의 경지에 이르러 자연의 의지를 얻을 때까지, 때가 되면 잎을 내고 꽃을 피우는 자연의 순리 속에서 자신을 발견할 때까지 가만히 놓아둬 볼 것이다.

그러고 나서 미력이나마 연필 잡을 힘이 남아 있거든 그때 슬며시 책을 드밀어 보자. 거기에서 일어서는 아이들을 보고 싶다. 그 눈빛을 마주하고 싶다. 그 아이들을 내 손으로 거두고 싶다.

배운 전공이랍시고 선생노릇 하지 말고 그냥 빵만 구워 주고 싶다. 사랑 없이 굽는 빵은 영양이 반이라 했던가! 아이들 한 명 한 명의 얼굴을 생각하면서 기도하며 구우리라. 그게 교장이냐고 반박할지 모르나 개의치 않는다.

책이 없어서, 참고서가 없어서, 유능한 교사가 곁에 없어서 우리 아이들이 방황하는 것은 아닐 것이다. 공업화가 진행될 때 일 시키기 좋은, 획일화된 인재가 필요해서 생겨난 것이 학교라는 제도가 아니던가. 인간의 소중한 자유의지를 몰라주는 교육 때문에 아이들은 뇌가 없는 로봇이 되어 가고 있다. 손바닥에 컴퓨터를 지니고 그것도 귀찮아 피부나 뇌에 칩을 이식하고 안경에 모든 정보를 넣어 버리는 세상이 되고 말았다.

이제는 좀 놓아 주자. 그리고 기다려 주자. 세상에 단 하나밖에 없는 학교일지라도, 나는 꼭 그 꿈을 이루고 싶다.

죽기 전에 꼭 하고 싶은 것들

차세대
구글 CEO 되기

이신우 대학생, 청년사업가, 크리에이터

무역학을 전공하며, 청년사업가로 활동 중이다. 어린 시절의 골프선수 경험과 고교 3년간 전공한 다수의 음악을 통해 예술인의 감성을 지닌 창의적이고 미래사회를 반영하는 영상 제작을 추구하고 있다. 현재 무형 무역의 무한한 성장성을 염두에 둔 사업을 계획 중이다.

• E-mail media0704@gmail.com
• C · P 010 9755 7478
• Youtube 이룸 스튜디오
• Homepage eroomstudio.co.kr
• Instagram eroom_studio

푸른 잔디와 잘 정돈된 그린 위에서의 삶이 내 길인 줄로만 알았던 10대를 뒤로하고 치열함이 예상되는 20대의 출발선상에 섰다. 이 혼란의 시대, 나의 꿈은 구글을 이끄는 세계적인 CEO가 되는 것이다. 네가 차세대 구글의 CEO가 된다고? 어쩌면 누구는 비웃을지 모른다. 아니 사실 그렇다. 나는 지방대의 무역학과를 다니고 있고, 성적도 그렇게 좋지 못하며, 남들 다 가지고 있는 흔한 토익점수 하나 없다. 한마디로 현실적으로 불가능에 가깝다는 이야기다. 그런데 왜 나는 이 꿈을 가지고 살고 있고 왜 구글인가에 대해 이야기하고자 한다.

어린 시절 나는 골프선수 생활을 했다. 골프를 즐기시는 분들은 다 아시겠지만 골프라는 운동은 내가 마음먹은 대로 쉽게 되는 운동이 아니다. 쉽게 되는 세상일이 어디 있겠냐마는 골프는 정말 어려운 운동이다. 흔히 골프를 인생의 축소판이라고 표현하는데 진짜 공감한다. 공을 무조건 멀리 보낸다고 되는 것도 아니고 공이 똑바로 가도 거리가 틀리면 아무 소용없다. 골프는 자기 자신과 싸우면서 홀컵까지 공을 넣어야 하는데 인생도 똑같은 게 아닌가 싶다.

지금 당장 무언가를 잘한다고 성공하는 것도 아니다. 자신의 목표가 있겠지만 그 목표에 도달하기도 전에 포기한다면 결코 꿈을 이룰 수 없다고 생각한다. 나는 어린 시절의 선수생활을 통해 간접적으로 인생에 대해 많이 배웠다. 지금은 그만두었지만 인생을 가르쳐 준 큰 자산이라고 생각한다.

나는 사실 다양한 학교를 다녔다. 쉽게 경험하지 못하는 두 학교를 졸업했다. 지금은 둘 다 전공하고 있지 않지만 좋은 경험이었다. 사회에서는 쉽게 할 수 없는 경험이니까. 중학교 시절에는 골프선수를 한다고 체육중학교에서 운동했었다. 하지만 개인적인 사정으로 운동을 그만두면서 매우 힘들게 지냈다. 어릴 때부터 공부는 안 하고 골프만 하다 보니 할 줄 아는 건 하나도 없었다.

그러던 중 우연한 기회에 음악을 시작하게 되었다. 클래식 기타를 배웠고 도레미파도 모르던 내가 예술고에 진학하게 되었다. 그전까지만 해도 내가 예술고에 입학하리라고는 전혀 예상하지 못했었다. 하지만 체육중학교 출신이라 인문계 학교 진학이 어려웠다. 다행히도 음악 덕분에 예술고에 진학하게 되었다. 하지만 예술고에서 음악을 배우면서 전문 음악인은 내 길이 아니라는 것을 발견했다. 지금은 취미로 기타와 색소폰을 하고 있다.

누가 보면 하나도 제대로 할 줄 모르는 사람으로 보기 쉬운데 나는 그렇게 생각하지는 않는다. 미래에는 하나만 잘해서는 먹고살 수 없다. 직업도 하나만 가지고는 살아가기 어렵다. 이것은 독자분들이 더 잘 알고 있을 것이라고 생각한다. 이미 우리 시대는 융합과 복합의 시대다. 때문에 많은 분야를 공부해야 한다.

어려서부터 나는 틀에 박힌 교육이 싫었다. 억지로 하는 야간자율학습이 싫었다. 남들과 똑같이 산다는 것이 정말 싫었다. 나는 새로운 것, 변화하는 것이 더 좋았다. 그래서 나의 성격에 맞는 일이 무엇일까 고민을 정말 많이 했다. 아직도 찾아 가는 중이다. 나의 꿈이 세계적인 CEO라고 했지만 단지 저것만 하고 싶은 것은 아니다.

비교적 어린 나이에 많은 것을 경험했기 때문에 나는 그것을 가지고 사업을 하고 싶었다. 스무 살이 되자마자 사업자등록증을 내고 인터넷 쇼핑몰을 시작했다. 자금이 많이 없었기 때문에 내가 재고를 구매할 순 없었지만 B2B 대행이라는 방법으로 판매했다. 3개월 동안 꽤 괜찮은 수입을 올렸다. 하지만 학교에 들어가면서 병행하기엔 시간이 없었다. 자연스럽게 정리하게 되었다. 작지만 사업을 하면서 느낀 것은 역시나 내 마음대로 되는 건 없다는 것이었다. 인생이 그렇게 쉬운 것은 아니니까.

최근에는 드론을 취미로 시작하면서 항공촬영과 영상제작을 공부하게 되었다. 나는 대부분의 새로운 것들은 유튜브와 인터넷에서 자료를 찾아서 배운다. 역시나 드론도 유튜브와 인터넷 카페를 통해 익혔다. 또한 경상북도와 CJ 다이아TV에서 진행하는 아카데미를 통해 많이 배웠다. 지금은 내가 촬영한 영상을 나의 유튜브에 올리고 있다. 내가 대도서관이나 보겸 같은 엄청난 유튜버가 되고자 유튜브를 시작한 것은 아니다. 시대에 적응하고 플랫폼에 대해 공부하고 싶기 때문에 도전했다. 새로운 도전은 언제나 즐겁고 행복하다.

누가 나한테 왜 이렇게 어렵게 인생을 사는지 물어본다. 하지만 나는 전혀 어렵게 사는 것이 아니다. 현재를 즐기고 미래를 준비하는 것이다. 그리고 한 가지는 확신한다. 이제는 우물 속에 빠져 단물만 먹고 있으면 말라 죽는다고. 이제는 시대에 맞춰 변화하고 시대를 이끌어 가는 인재가 필요하다. 물론 지금 나의 현실은 부족할 수 있다.

세상에는 나보다 똑똑한 사람과 잘난 사람들이 많다. 그런데 그런 사람들보다 내가 잘하는 것은 분명 있다. 창의적인 생각과 남들과 다른 길을 살아가는 것. 이런 자질을 갖춘 사람이 미래에는 세상을 이끌어 갈 것이라고 믿는다. 특히 IT 분야가 강국인 우리나라는 제2의 인터넷인 블록체인 시대를 맞이하게 될 것이다. 인터넷 강자로 군림하는 구글이 영원하지 않을 것이라 생각하고 있다. 그래서 구글을 이끄는 나라는 대한민국이어야 하고 그 중심에 내가 있고 싶다.

2018년을 시작하면서 다이어리에 올해의 버킷리스트를 작성했다. 여러 가지를 적었는데 그중의 하나가 책 쓰기다. 그 당시 무슨 생각으로 적었는지는 기억이 안 난다. 하지만 이렇게 좋은 기회를 통해 훌륭하신 분들과 책을 쓰게 되어 영광으로 생각한다. 마지막으로 내가 가슴에 담고 있는 성경 구절을 소개하면서 마무리하겠다.

"내가 가는 길을 그가 아시나니 그가 나를 단련하신 후에는 내가 순금같이 되어 나오리라." (욥기 23장 10절)

37

어려운 환경의 아이들을 위한
비영리단체 운영하기

염지혜 초등학교 특수교사, 자녀 교육 및 육아 작가

대구대학교 초등특수교육과를 졸업하고 이화여자대학교 특수교육과 석사 졸업, 박사과정을 수료했다. 현재 고양시의 초등학교 특수교사로 재직 중이다. 작가이자 자녀 육아 전문가라는 가슴 설레게 하는 꿈을 그리며 학부모들의 멘토로 상담 활동을 하고 있다. 현재 '야단치지 않고 키우는 육아법'을 주제로 개인저서를 집필 중이다.

나는 초등학교에서 장애아동들을 가르치고 있는 특수교사다. 나와 처음 만나는 사람들의 대부분의 첫마디는 "참 힘드시겠어요." 다. 물론 힘들다면 힘든 일이겠지만 '장애아동을 가르치는 것은 힘들다'는 선입견 때문인지 유독 그런 질문을 더 받는 경향이 있다. 다른 일들과 마찬가지로 지내다 보면 즐겁고 재미있는 일들도 많은데⋯. 그래서 요즘에는 "네, 재미있게 하고 있어요."라고 대답하곤 한다.

다음으로 자주 듣는 질문은 "그런데 왜 특수교사가 되셨어요?" 다. 이 질문은 다른 사람들도 궁금해하지만 어쩌면 나 역시 제일

알고 싶었던 질문이다. '나는 왜, 아니 어쩌다 특수교사가 되었을까?'

학창 시절부터 나는 꿈이 다양했다. 고고미술사학자, 민속학자, 만화가, 시각디자이너, 큐레이터, 피아니스트, 과학자, 안기부(지금의 국정원) 직원, 기후 전문가, 항공우주 엔지니어, 의사 등등. 그러나 나의 어릴 적 꿈 목록에 '특수교사'가 들어 있었던 적은 한 번도 없었다. 초등학교 6학년 때부터 담임 선생님의 영향으로 장애학생들이 거주하거나 다니는 시설과 복지관 등에서 봉사활동을 했다. 그러나 특수교사에 대한 인식은 없었다.

그러다 고등학교 3학년 말에 다니던 교회에서 새롭게 팀이 개편되었다. 그러곤 대학생 언니 오빠들이 팀장으로 오게 되었다. 그런데 공교롭게도 우리 팀의 팀장 언니가 마침 특수교육과를 다니고 있었다. 아마 그때 그런 과가 대학교에 존재하는지 처음 알게 되었던 것 같다. 그리고 나서 대학입시를 위한 원서를 쓰는 시기에 국어국문과와 특수교육과 중에서 고민하게 되었다. 그러다 아버지의 조언에 힘입어 특수교육과에 진학하게 되었다. 그것이 지금 나의 커리어의 시작이었다.

사실 이 과정은 아마 학생 시절 학과를 정하고 원서를 낸 모든 사람들이 지나온 평범한 과정일 것이다. 하지만 나는 특수교육과를 선택했기 때문에 주위 사람들은 내가 특수교육에 무언가 사명이 있거나 확고한 뜻이 있을 거라는 인식을 갖는 경우가 많았다.

하지만 시작하는 시기에 내가 진정 무엇을 향해 나아가고 있는지 알기란 어렵다. 내가 뿌린 씨앗이 어떻게 될지는 자라 봐야 알 수 있다.

나 역시 특수교육을 공부하고 학교 현장에서 커리어를 쌓기 시작하는 과정에 장애아동과 소외된 아동들을 위한 비영리단체를 운영하겠다는 꿈이 생겼다. 그렇게 아이들을 가르치는 일을 넘어서 도움이 필요한 곳에 교육적인 지원을 하고 싶다는 비전이 생겼다.

2015년 여름, '지적장애인을 위한 건강과 복지'라는 주제의 학회 참석차 코네티컷에 갔다. 그러다 일정이 끝난 후 잠시 시간을 내어 며칠간 뉴욕에 머문 적이 있었다. 무엇을 하며 시간을 보낼까 생각하다가 어퍼 이스트사이드 쪽의 동네 도서관에서 운영하는 일일 무료 영어교육 프로그램에 등록하게 되었다.

당일 도착한 도서관은 그냥 지나칠 뻔할 정도로 외관이 정말 작고 낡은 곳이었다. '아무도 없으면 어쩌지?' 생각하며 들어갔는데 다행히 몇몇 사람들이 테이블에 자리를 잡고 앉아 있었다. 대부분 이민자들로 무료 프로그램에 꾸준히 나오는 사람들이었다. 테이블별로 수업이 진행되었는데, 마침 우리 테이블의 선생님이 동양인이었다. 물어보니 한국인인데 지금은 맨해튼에서 살고 있고 매주 도서관에 와서 영어교사 봉사활동을 하고 있다고 했다. 그러면서 여기의 영어교사들은 모두 'New York Cares'란 비영리단체기관을 통해 봉사활동을 나온 것이라고 알려 주었다.

그 이야기를 듣는 순간 나도 New York Cares란 곳을 당장 찾아봐야겠다는 생각이 들었다. 뉴욕에서 남은 시간 동안 봉사활동을 하고 싶어서 여러 교회의 사이트를 둘러보던 참이었기 때문이다. 마침 잘되었다고 생각하고 서둘러 숙소로 돌아와서 사이트를 검색했다.

New York Cares는 말 그대로 뉴욕시를 기반으로 봉사활동을 운영하는 비영리단체다. 저소득층 아이들이나 노인들을 대상으로 한 교육들, 노숙자 등을 위한 식사 제공, 공원에 나무 심기나 벽화 그리기 등 다양한 기관의 봉사활동 프로그램들을 사람들에게 소개한다. 그리고 봉사자를 지원받아 다시 기관에 제공하는 역할을 한다.

나는 여러 봉사활동 중 이왕이면 나의 전공분야를 살릴 수 있는 프로그램을 검색해 보았다. 그러다 마침 일정에 맞는 시기에 자폐 범주성 장애인과 그 가족들을 위한 음악회 봉사활동이 있어 신청하게 되었다. New York Cares의 봉사활동에 참여하려면 우선 오리엔테이션 수업을 꼭 이수해야만 했다.

New York Cares의 본사는 맨해튼의 남부 월가에 위치해 있었다. 로비에 가서 봉사활동 오리엔테이션 때문에 왔다고 하자 방문자 목록에 사인을 하라고 하고 친절하게 들여보내 주었다. 엘리베이터를 타고 내리니 그날 봉사자 리더들의 모임과 나와 같이 처음 봉사를 시작하는 사람들의 모임으로 방이 나뉘어 있었다. 내가 참여한 모임에는 30~40여 명 되는 사람들이 모여 있었다. 나는 이름표와 오리엔테이션 인쇄 자료를 받아 들고 두리번거리며 어색하게 자리에 앉았다.

오리엔테이션을 진행하러 들어온 사람은 연세가 지긋하신 할아버지셨다. 자신 역시 봉사자 리더로 활동하고 있다고 소개했다. 그러면서 New York Cares는 거의 모두 봉사자로 운영된다고 말해주었다. 나는 오리엔테이션에서 단체의 비전과 연혁 그리고 현재의 운영방식에 대한 설명을 들었다.

많은 기관에서 봉사자를 필요로 하고 또 많은 사람들이 어딘가에서 봉사활동을 하고 싶어 한다. 하지만 자신의 관심 분야이면서 일정에 맞는 봉사활동을 일일이 찾기란 어려운 일이다. 그런데 New York Cares와 같은 비영리단체를 통해 쉽게 원하는 정보에 접근할 수 있다는 점이 편리하게 다가왔다.

실제로 봉사활동 신청이 웹사이트나 모바일상에서 버튼 한 번으로 간편하게 이루어지고 있었다. 물론 봉사자에 대한 규칙도 엄격히 규정되어 있었다. 사전에 연락 없이 참석하지 않는 일이 있으면 일정 기간 동안 봉사활동에의 참여를 제한하고 있었다.

오리엔테이션이 끝나고 봉사활동 며칠 전 봉사자 리더로부터 봉사활동 안내 및 주의사항에 대한 연락이 왔다. 내가 참여한 봉사는 'Music for Autism'이라는 행사였다. 맨해튼에서 조금 떨어진 스테이튼 아일랜드에서 매년 열리는, 자폐 범주성 장애인과 그 가족들이 참여하는 음악회였다.

나는 이른 아침 맨해튼에서 봉사자 리더를 만나 함께 페리를 타고 음악회가 열리는 행사장으로 가게 되었다. 리더는 줄리어드 음악대학교에서 호른을 전공했다고 했다. 그리고 현재는 회사에서 일하며 주말에 봉사활동을 계속하고 있다고 했다. 특히 이 음악회에는 매년 리더로서 참여하고 있다고 얘기해 주었다. 내가 특수교육을 전공한 것을 알고 New York Cares에서 연결하는 장애인 대상의 다른 봉사활동들도 소개해 주었다.

페리에서 내려 택시를 타고 행사장에 도착하니 봉사자들이 속속 모여들고 있었다. 우리는 간단하게 자기소개를 마치고 행사 준비를 서둘렀다. 이날은 콰르텟 연주자들이 오셔서 연주도 들려주고 장애인들과 함께 악기도 연주하는 시간을 가졌다.

행사 시작 전 포스터 붙이기부터 행사장 안 꾸미기, 좌석 배치, 간단한 다과 세팅하기까지 여러 일들이 분주히 이루어졌다. 행사 시작 시간이 다가오고 가족들이 삼삼오오 입장했다. 우리는 명단 체크와 자리 안내 등을 했다. 행사 중에는 장애인 및 가족들과 함께 악기도 연주하고 마지막에는 댄스파티도 했다. 그러다 보니 어느덧 저녁시간이 되었다. 우리는 행사를 마무리하고 봉사자들과 인사를 나눈 후 맨해튼으로 돌아왔다.

나는 돌아오는 페리 안에서 New York Cares와 같은 비영리단체를 만들고 싶다는 소망을 그려 보았다. 한국에 돌아와서는 비슷한 성격의, 장애아동들을 위한 음악회를 여는 비영리단체에서 봉사활동을 해 보았다.

나는 뉴욕과 한국에서의 경험을 바탕으로 나의 전공을 살리고 싶다. 특히 장애아동과 어려운 형편의 아이들을 위해 비영리단체를 설립해서 아이들뿐 아니라 그 가족들을 지원하고 싶다. 또한 봉사활동을 하고 싶어 하지만 마땅한 경로를 찾지 못해 생각만 하고 있는 사람들에게 봉사활동을 할 수 있는 기회를 주고 싶다.

38

'진짜 부자'가 되어
원하는 삶 살기

이지훈 〈번영하는 삶 연구소〉 소장, 라이프 멘토, 자기계발 작가, 동기부여가

국내 대기업 마케팅 & 세일즈 분야에서 5년 근무 후, 현재 외국계 글로벌 정유 회사에 스카우트되어 근무 중이다. 블로그 '번영하는 삶 연구소'와 유튜브 '번영하는 삶 연구소 TV'에서 활동하며 사람들에게 많은 영감과 영향력을 주고 있다. 현재 대기업 및 글로벌 기업에서의 근무 경험과 독서와 연구 등을 통해 얻은 영감을 토대로 개인저서를 집필 중이다.

• E-mail jih-romio@hanmail.net
• C·P 010 4893 6881
• Blog blog.naver.com/said27
• Youtube 번영하는 삶 연구소 TV

자본주의 사회에 살면서 돈이 필요 없다거나 싫어하는 사람이 있을까? 아니, 사회주의 국가인 북한에서조차 말이다.

요즘 사람들에게 성공이 무엇이냐고 물으면 열에 아홉은 '돈 많이 버는 것'이라고 답하리라. 우리가 공부를 열심히 하고, 좋은 대학에 가려고 하고, 좋은 직업, 직장을 잡으려고 하는 이유는 돈 많이 벌어 행복하고 유복하게 살고 싶기 때문일 것이다. 옛날에는 정서상 돈을 드러내 놓고 추구하지는 않았다. 하지만 요즘은 바야흐로 너 나 할 것 없이 부를 향해 질주하는 시대다.

하지만 안타깝게도 현재의 제도권 교육은 우리를 부자로 살아

갈 수 있게 만들어 주지는 않는다. 현재의 제도권 교육은 '공부 열심히 해서 좋은 대학에 가고, 좋은 직장을 잡아라'라는 보이지 않는 목표와 공식을 갖고 있다. 《부자 아빠 가난한 아빠》로 유명한 로버트 기요사키는 이를 '쥐 경주'라고 표현하며 경제적 어려움 속에서 돌고 돈다는 뜻으로 썼다.

제도권 교육은 부를 추구하고 돈을 좋아하는 것을 무의식적으로 나쁜 행위로 규정짓는 일도 서슴지 않는다. 돈만을 좇는 탐욕으로 인한 각종 범죄들을 사례로 들면서 말이다. 그러한 교육 속에서 돈은 모든 악의 근원이라는 생각이 은연중에 자리 잡게 된다. 그 생각은 피그말리온 효과라고 하기도 하는 자기 충족적 예언이 되어 실제로 부자가 되지 못하게 하는 걸림돌이 되기도 한다.

부를 추구하는 것이 은연중에 나쁜 행위로 인식되고 있으니 그 생각의 지배를 받는 것은 당연하다. 그러나 이건 잘못된 교육으로 인한 것이고 근거 없는 잘못된 믿음이다. 물론, 돈이 많으면 무조건 행복하다고 할 수도 없고, 돈이 우리를 행복하게 해 준다는 보장도 없다. 분명히 돈이 많아도 불행한 사람은 있다. 하지만 분명한 건 돈으로 행복의 기회를 살 수도 있고, 불행을 막을 수도 있다는 것이다.

"수중에 돈이 떨어지면 누구도 스스로를 통제할 수 없다."
"우리 몸속의 모든 장기는 심장에 의존하는데, 심장은 지갑에 의존한다."

"가난은 다른 모든 곤경을 뛰어넘는 고난이다."

세계 인구의 0.25%에 달할 뿐이지만 위대한 유대민족의 《탈무드》에 나오는 돈과 관련된 말이다. 그만큼 유대민족은 돈의 중요성을 알고 어려서부터 가정에서 돈에 대한 교육을 시키고 있다.

돈이 없으면 돈을 위해서 죽기보다 싫은 일을 해야만 할 때도 있다. 정말 꼴 보기 싫은 상사를 견디고 봐야만 하기도 한다. 사랑하는 사람이 아픈데 돈이 없어 치료를 못 받기도 한다. 이러한 상황에서 행복을 논하기는 힘들 것이다. 만약 이러한 상황에서 충분한 돈이 있다면 위와 같은 이유 때문에 불행해지지 않을 수는 있을 것이다.

따라서 돈의 부족이 모든 불행과 악의 근원이라는 믿음을 새로 가져야 한다. 그러한 생각이 나의 삶을 이끌어 갈 것이다. 그런 생각과 믿음을 가지면 돈의 부족이 악의 근원인 만큼 돈을 갖기 위해 나의 의식과 무의식이 진정으로 노력을 다할 테니 말이다.

이처럼 우리는 우리 자신의 자존감을 지키고, 소중한 사람들을 지키고, 최소한 불행한 삶을 살지 않기 위해 부자가 되어야 한다. 나아가 진정 원하는 삶을 살기 위해서라도 말이다.

누구나 인생을 두 번 살지는 못한다. 우리 모두는 단 한 번뿐인 인생을 산다. 그래서 우리는 '진짜 부자'가 되어야 한다. 그럼 '가짜 부자'가 있다는 건지 궁금할 것이다. 결론부터 이야기하면 이 세상엔 '진짜 부자'가 있고, '가짜 부자'가 있다. 예를 들어 설명하면 편하겠다.

똑같이 10억 원 정도의 자산을 가진 A와 B가 있다고 하자. A는 회사생활을 하고 있고 10억 원짜리 집을 사서 서울에서 살고 있다. 익숙해지고 편해서 이사 갈 생각은 없다. 회사원이라 월급으로 생활비를 충당하며 근근이 살아간다.

B는 서울 인근 교통 좋은 수도권의 보증금 1억 원에 월세 100만 원짜리 30평의 깔끔한 아파트에서 살고 있다. 나머지 9억 원은 열심히 부동산을 공부해 리스크를 안지 않고 16%의 수익이 나는 상가에 투자했다. 9억 원을 16%의 수익률이 나오는 곳에 투자했으니연 1억 4,400만 원, 월 1,200만 원의 임대소득이 생기고 있다. 월세 100만 원을 제하고도 1,100만 원이 매달 생기는 것이다.

같은 10억 원이라는 자산이 있지만 한 명은 회사생활을 하며 근로소득으로 근근이 살아간다. 반면 다른 한 명은 무엇에도 구속되지 않고 자신이 하고 싶은 것을 하고 사는 라이프 스타일(life style)을 갖췄다.

이렇게 자산이 많아도 그 자산이 엉뚱한 곳에 들어가 있으면 '가짜 부자'다. 로버트 기요사키는 '현금흐름'이 좋은 사람이 진짜 부자라고 했다. '진짜 부자'는 자신이 일해서 벌고 모은 돈을 수익이 창출되는 올바른 곳에 투자한다. 그럼으로써 황금알을 낳는 거위를 만들어 매일 그 황금을 팔며 산다. 그것이 부자의 법칙이다.

꼭 10억 원까지는 아니더라도 자신이 힘들게 벌고 모은 돈을 올바른 곳에 투자해 계속해서 자신에게 '+' 현금흐름을 만들어 주는 것이 중요하다. 즉, 자신이 꼭 돈을 위해 일을 안 해도 될 만큼 현금을 만들어 놓고 자신의 설레는 꿈을 추구하는 것이다. 작가가 되는 것이든, 기간에 구애받지 않고 세계 일주를 떠나는 것이든, 작곡가가 되는 것이든, 유튜버가 되는 것이든, 봉사하는 삶을 사는 것이든, 어떤 사업을 하는 것이든. 현실의 벽(돈)에 가로막혀 가슴 한쪽에 묻어 두었던 꿈을 추구하는 것이다.

나는 책을 읽고, 글을 쓰고, 유튜브를 통해 세상에 긍정적인 영향력을 행사하는 사람이 되고 싶다. 두 달에 한 번은 아내와 해외여행을 다니고 싶다. 맛집 투어도 다니고, 배우고 싶은 것들을 마음껏 배우고, 만나고 싶은 사람, 어울리고 싶은 사람을 내가 선택해 만나며 살고 싶다. 내 삶을 내 의지와 자유대로 통제하며 살고 싶다. 돈에 구애받는 삶 말고, 평생 돈을 위해서 일하는 삶 말고, 하기 싫은 일을 돈 때문에 억지로 하는 삶 말고, 보기 싫은 사람을 억지로 보고 맞지 않는 사람에게 억지로 맞추는 그런 삶 말고.

단 몇 년 계획적으로 노력해 '진짜 부자'가 되는 일. 자신의 꿈을 마음껏 펼치며 사는 일이 아주 멀리 있고, 나와는 상관없는 일은 아니다. 자신이 조금만 신경 쓰고, 관심 갖고, 노력하면 그리 머지않은 기간에 충분히 달성할 수 있는 꿈이다.

자신의 월급이 얼마인가? 얼마가 있으면 그 회사에서 나올 수 있는가? 그것을 계산해 수익률을 따져 본 후 모아야 할 돈을 모으고, 그 수익률을 달성할 수 있는 투자를 조사하고 철저히 공부하면 된다. 그리고 되겠다 싶으면 과감히 투자하는 것이다. 그러면 자신이 원하는 삶이 현실이 되는 것이다.

우리 주위엔 부자가 아닌 사람도 많지만, 자산은 충분히 많은데 부유한 삶을 살지 못하는 '가짜 부자'들이 너무도 많다. 자신의 삶은 한 번뿐이고 소중한 것이다. 그렇기 때문에 남에게 맡겨서는 안 되며, 남이 나의 삶을 휘두르도록 허용해서는 안 된다. '진짜 부자'가 되어야 하는 이유다.

나도, 여러분도 '진짜 부자'가 되어 하루하루가 기대되고, 재미있고, 설레는 삶을 만들어 갈 수 있다.

불합리한 거래에서 벗어난
'디지털 노마드' 되기

문유진 영상팀 팀장, 유튜버

한 회사의 영상팀을 이끄는 팀장으로 재직 중이다. 또한 유튜브 만들기 채널 〈쌩고〉를 운영하고 있다. 현재 '히키코모리 탈출기'를 주제로 개인저서를 집필 중이다.

• C·P 010 2906 0137

직장인은 직장을 싫어한다. 이 책을 집어 든 당신이 직장인이라면 '돈만 있으면 지금이라도 당장 직장을 때려치우고 싶다'라고 한 번쯤 생각해 보았을 것이다. 한 번쯤이 아니라 아마 무수히. 혹시 주변에서 상사가 당신을 포악한 사자처럼 노려보고 있는가? 만약 진심으로 퇴사를 생각해 본 적이 없다면, 월요일부터 금요일, 오전 9시부터 오후 6시까지 혹은 그 이상의 업무가 즐겁다는 사람이 있다면, 나는 그 사람에게 당장 가까운 병원에 가 보길 추천하겠다.

나 또한 '돈만 있으면 언제든지 회사를 그만두고 싶은' 직장인

중의 하나다. 사실 '돈이 좀 없긴 하지만 일단 때려치우고 나면 뭐 어떻게 되지 않을까?' 하는 망상으로 하루를 보내는 그야말로 퇴준생(퇴사 이후를 준비하는 직장인들을 취업준비생에 빗댄 말)이다.

게으름뱅이 퇴준생의 아침은 이와 같다. 아침 침대 안, 시끄럽게 울리는 알람 메시지를 보곤 10분 뒤의 알람을 다시 설정한다. 출근 길, '이렇게 느릿느릿 걷다가는 지각이다!'라고 속으로 되뇌며 종종 걸음으로 지하철에 탑승한다. 아침 사무실 안, "안녕하세요!"를 외치지만 표정은 '퇴근하고 싶습니다!' 그 자체다. 만약 여러분의 아침이 나의 아침과 같다면 반갑다. 당신도 나와 같이 꿈도 희망도 없는 퇴준생의 길에 접어들었기 때문이다.

사실 퇴준생에게는 꿈과 희망이 전부다. 회사를 하루속히 벗어나고 싶다는 꿈. 직장 밖에서 나의 꿈을 펼칠 수 있을지 모른다는 희망. '혹시 알아? 퇴사하고 창업으로 대박이 날지?' 하지만 우리는 알고 있다. 남의 밑에서 번 피 같은 돈을 사업을 한다며 한 방에 날릴 수 있다는 것을. 대한민국에 치킨집은 이미 너무 많다는 것을. 그래서 나와 당신은 닭장 같은 회사에서 버티고 버틴다.

그런데 언제까지 버틸 수 있을까? 내가 버틴다고 버텨지나? 요즘의 직장은 정년이 보장되지 않는다. 수틀리면 위로금 몇 푼 손에 쥐어 주고 당장 꺼지라고 발로 차 버린다. 물론 현실에서는 좀 더 아름답게 '그동안의 노고에 감사드립니다'라며 책상을 빼 버리지만 말이다. 괜히 이름 있는 대학을 나온 사람들이 월급 150만 원의 공무원 자리에 목을 매는 것이 아니다. 회사 안 나의 책상을 힘겹게 붙들고 있어도 회사는 책상과 나를 함께 들어 올려 쓰레기더미 위로 던져 버릴 수 있는 곳이다. 그래서 우리는 퇴사 후를 준비해야 한다.

공무원 준비라도 해야 할까? 암기가 너무 즐거운 암기 왕 김암기라면 공무원 시험도 사실 나쁘지 않다. 나의 어머니 주장에 따르면 월급은 150만 원이지만 월급 외 수당이 나쁘지 않다는 것이다. 그런데 생각해 보자. 공무원도 일주일 중 5일을 일한다. 월급의 노예로 5일을 보내고, 5일간 일한 대가로 2일간의 자유 시간을 얻는다. 자유를 사기 위해 자유를 파는 것이다. 《부의 추월차선》을 쓴 엠제이 드마코는 이를 '5 대 2의 거래'라고 칭했다. 그의 책엔 이런 구절이 있다. "당신은 5일간의 노예생활을 2일간의 자유와 맞바꾸고 있다. 월요일부터 금요일까지의 시간을 토요일과 일요일 이틀을 위해 팔아넘기고 있는 것이다. 사람들은 돈에 대해서는 마이너스 60%짜리 수익률은 금세 알아채고 거부하지만, 시간에 대해서는 그렇지 못하다." 5 대 2의 거래, 불합리하지 않을 수 없다.

직장을 그만두긴 두렵고, 안 그만두자니 이러다 돌아 버릴 것 같다. 이 문제의 답에는 여러 가지가 있겠지만 나는 한 가지를 추천한다. 바로 '디지털 노마드'가 되는 것이다. 디지털 노마드는 유목민처럼 떠돌아다니며 디지털 장비로 지식과 정보를 생산하면서 수

입을 얻는 사람들을 말한다.

원하는 장소에서, 함께하고 싶은 사람들과 내가 일하고 싶은 시간에 일하며 사는 것. 그것이 내가 원하는 궁극적 목표다. 죽기 전에 이루고 싶은 소망치곤 너무 소박한 것 아니냐고? 디지털 노마드가 되면 유럽 일주를 할 수도 있고, 한 달 내내 세부의 최고급 호텔에서 우아하게 조식을 즐길 수도 있다. 그것도 수입이 끊기지 않는 채로 말이다.

그러면 어떻게 해야 디지털 노마드가 될 수 있을까? 사실 당신이 회사에서 하는 일이 노트북 한 대만 있으면 할 수 있는 일이라면 디지털 노마드가 될 수 있다. 당장 상사에게 달려가서 "이제 앞으로 회사에 출근하지 않고 재택근무를 하려고 합니다."라고 말해보자. 그러면 상사는 당신에게 "그냥 자택에서 편하게 지내게."라고 답변할 것이다. 물론 재택근무를 허락받는 경우도 있겠지만 대개의 경우 거부당할 것이다. 상사는 부하를 늘 감시하고 싶어 하니까.

그렇게 회사 밖으로 탈출하는 데 실패했다고 좌절하지 말자. 집에서 회사 일을 못한다면 다른 일을 만들어 내면 된다. 예를 들자면 나는 영상 편집자 겸 유튜브 채널 관리자다. 이런 나의 전문성을 바탕으로 집에 돌아오면 영상 편집 외주를 받고, 유튜브 채널을 관리해서 수익을 얻는다. 물론 당신이 영상 편집을 모른다고 해도 괜찮다. 당신의 전문성을 살려 책을 쓰고, 블로그를 하고, 또 유튜브 채널을 만들어 수익을 내면 된다. 집에서 수익을 만들어 낼 방법은 무수히 많다. 그렇게 만들어 낸 수익이 회사에서 받는 월급보다 많아진다면 축하한다. 당신은 드디어 회사 밖으로 탈출할 수 있는 보석금이 생겼다.

나는 점점 회사 외의 수입이 많아지고 있고, 점점 디지털 노마드와 가까워지고 있다. 하루빨리 5 대 2의 불합리한 거래에서 벗어난 자유로운 나를 그린다. 이 글을 읽어 준 당신도 디지털 노마드가 되어 자유로워지길 바란다.

40

매달 5,000만 원씩 벌어들이는
세계적인 작가 되기

이성현 소설가 지망생, 회사원

소설가 지망생으로, 현재 회사에 다니면서 작품을 집필 중이다. 소설가라는 가슴 설레는 꿈을 그리며 작품 완성에 힘을 쏟고 있다.
짧은 시일에 소설을 출간한다는 목표를 세우고 집필에 힘쓰고 있다.

• C·P 010 9161 7821

"이 삶을 살며, 꼭 하고 싶은 것이 뭐야?"라고 누군가 물었다. 나는 대답하기를 주저했다. 그것은 두려움 때문이었다. 은밀한 부분을 드러내는 것이 현명한 일인지 의구심이 들었기 때문이었다. 그럼에도 불구하고 내 머릿속에는 단 한 가지의 생각만 떠올랐다. '작가요. 작가가 되고 싶어요.'

나는 어릴 적 상상하기를 즐겼다. 주로 색채를 통해 상상을 끄집어내는 작업을 했다. 어느새 나는 화가를 꿈꾸고 있었다. 나는 중학생 때까지만 해도 스물다섯 살이 된 지금의 나 자신이 화가일 것이라고 생각했다. 그러나 부모님은 첫째 딸이 그림을 그리겠다며 공부를 접겠다고 하는 것을 대수롭게 받아들일 수 없었다. 예나 지금이나 나의 불도저 성향은 똑같았다. 나는 공부를 하면 그림을 그리지 못할 것이라고 생각했다.

"공부도 하면서 그림을 그리면 되잖아. 제발…. 공부만은 포기하지 말자…."

나도 공부를 한다고 그림을 포기하게 되는 것은 아닐 것이라고 생각했다. 그런데 공부를 하자니 그림을 그릴 시간이 없고, 그림을 그리자니 공부할 시간이 없었다. 결국 나는 공부를 택했다. 고등학교 3학년의 시간은 매일의 일과가 정해져 있는 감옥살이와 별반 다를 것이 없었다. 고전을 교과서로 외우는 학업살이에서 나는 표현의 욕구를 정갈한 책 사이에 감추어 둘 수 없었다.

'대체 내가 무엇을 할 수 있단 말인가?'

고등학생 소녀는 생각했다. 물감도 붓도 도화지도 없는 지금, 내가 할 수 있는 것은 글을 쓰는 것이었다. 나는 시를 썼다. 시를 쓰는 것은 그림을 그리는 것만큼이나 흥미로웠다. 글은 붓과 물감과 물이 없이도 몇 자 단어로 선을 따오고 색칠을 하여 생동감 있는 형상을 만들어 낼 수 있었다. 나는 짬짬이 짧은 시를 썼다. 숨이 트이는 경험이었다.

대학교 4학년이 되었을 때는, 본격적으로 작가가 되어야겠다는 마음이 자리 잡았다. 나는 본격적으로 글을 쓰기 시작했다. 졸업

후, 취업시장에 발을 들이고 나서야 모든 시간을 희생하며 글을 쓰는 것이 얼마나 고통스러운 것인지 실감하게 되었다. 나는 고시원에서 생활하며 친구들도 거의 만나지 않았다. 그렇게 일하고 남는 시간에는 글을 쓰고 책을 읽으며 나 자신을 혹사시켰다. 그렇게 하면 작가가 될 것이라고 굳게 믿은 채 말이다. 내 삶에서 글을 쓰는 시간만 살아 있는 것 같았다. 하지만 상황은 오히려 나의 숨통을 죄어 오는 것 같았다.

'왜 여유롭게 글을 쓰며 모든 시간이 살아 숨 쉬도록 할 수는 없는 것일까? 좋은 글은 좋은 경험에서 나오는 것이 아닌가? 사람들과 부대끼는 경험들을 통해 추출되는 것이 아닌가? 나는 도대체 무엇을 바라는 것일까?'

내가 가장 힘들 때 스스로에게 했던 질문들이다. 나는 생각했다. 부자였으면 좋겠다고. 금전으로부터 자유롭고 여유 넘치는 삶. 가고 싶은 곳에 가고, 먹고 싶은 것을 먹고, 살고 싶은 곳에서 살고, 떠나고 싶을 때 떠나며, 자고 싶을 때 자고, 친구들과 가족들을 만나고 싶을 때 만나고, 하고 싶은 일이나 취미가 생기면 어떤 식으로도 할 수 있는 가능성의 문이 활짝 열려 있는 삶. 나는 그런 삶을 살고 싶었다.

"죽기 전에 꼭 하고 싶은 것이 뭐야?"

누군가 한 번 더 내게 물었다. 나는 주저하지 않고 바라는 모든 것이 담긴 문장을 간단명료하게 토해 내고 싶다.

"30년간 매달 5,000만 원씩 벌어들이는 세계적인 작가가 되는 거요. 그게 제가 죽기 전에 꼭 하고 싶은 거예요."

미국의 TV쇼 진행자인 코넌 오브라이언은 2011년도 다트머스 대학 졸업 축사에서 이런 말을 했다.

"당신이 지금 꾸는 꿈은 서른두 살이나 마흔두 살에도 그대로이진 않을 것입니다. 우리의 꿈은 끊임없이 진화합니다."

나는 우울함이 삶의 핵심이 되어 인간관계를 좀먹고 나 자신까지 창백하게 만드는, 오도 가도 못하는 삶을 살아 본 적이 있다. 그때의 나는 내가 결코 행복할 수 없는 인간이라며 상황을 탓했다. 그런데 나는 지금 그때의 내가 상상하지 못할 만큼 훌륭한 사람이 되어 있다. 그래서 나는 믿기로 했다. 꿈이 나를 멋진 곳으로 데려다줄 것임을.

앞으로 나는 사랑이 넘쳐흐르고, 멋진 친구들과 따뜻한 가족들과 좋은 사람들에게 둘러싸여서 수많은 추억을 만들고, 여유로운 환경 속에서 풍성한 정신적 산물을 배출해 내는 삶을 살고 싶다. 허무맹랑하다고 느껴지는 이 꿈이 가까운 미래에 "짜잔!" 하고 내 앞에 서서 "벌써 올 줄 몰랐지?"라며 즐거움을 주는 삶. 나는 이 꿈을 의심하지 않기로 했다. 의심할 시간에 내가 무엇을 더 할 수 있을지 생각하고 생각할 것이다.

다른 꿈이었지만, 그 꿈들을 이루기 위해 부단한 시행착오를 겪은 결과 '지금의 나는 가장 자랑스러운 나'라고 가슴 펴고 말할 수 있게 되었다. 몇 년 뒤에 나는 손에 보물지도를 쥐고 목적지에 도착해서 방긋 웃어 보일 것이다.

"지금의 내가 가장 자랑스럽고 멋진 나."라고 말한 나는 인생의 전리품을 들고 지금껏 걸어온 길을 회상한다. 그리고 "그때는 여기까지 오게 될 줄 알았고, 실제로 와 보니까 더 멋지군!"이라고 말할 것이다. 왜냐하면 나는 꿈을 꾸고, 매일 그것을 이루기 위해 실천하고, 마음으로 믿는 사람이기 때문이다.

41

제주도에 아름다운 별장을 마련해
나만의 공간 만들기

여동현 직업군인, 자기계발 작가, 희망부여가

현재 대한민국 해군중사로 근무 중이다. 군 도서관에서 자기계발서들을 접하게 되었고, 자연스레 자기계발가, 희망부여가로서의
삶을 꿈꾸게 되었다. 군인이기 전에 여느 청춘들처럼 삶의 의미, 행복, 사랑, 성공에 대해 고민하며, 사람들에게 희망을 주는 삶을
살고자 한다. 군에서 배운 '무엇이든 할 수 있다'라는 강인한 정신을 바탕으로 또 다른 꿈에 과감히 도전하려고 한다.

• E-mail wjdgusdu321@naver.com   • Blog blog.naver.com/wjdgusdu321
• C·P 010 4379 7842

아버지와 어머니는 어린 시절 늘 가난하셨다. 그렇게 성장하신 기억 탓에 자신들이 이룬 가정만큼은 절대로 불우하고 가난하게 만들지 않겠다는 마음이 강하셨다. 그 덕분에 나는 풍요롭게 많은 사랑을 받으며 부족함 없이 성장했다. 그런데 부족함 없는 삶이 문제였던 걸까? 아니면 부모님께서 하나부터 열까지 세심하게 다 신경을 써 주신 것이 독이 되었을까?

나는 고등학생이 되던 해 처음으로 나의 삶에 대해 고민했다. 그런데 나는 나 스스로 할 수 있는 것이 거의 없고, 하고 싶은 것이 전혀 없는, 우유부단하고 내성적인 나 자신을 마주했다. 그때 너

무나 고통스러웠다. 무엇보다 나 자신이 어떤 진로를 원하는지, 무엇을 하고 싶은지 모른다는 것이 나를 더욱 답답하게 만들었다.

그러한 상태로 20대가 되어서 성적에 맞추어 대학을 갔다. 그러다 보니 대학생활은 오히려 고등학교생활보다 더욱 흥미와 재미가 없었다. 학교는 늘 빼먹기 일쑤였고 폐쇄적으로 혼자 보내는 시간이 많아졌다. 그러다가 입대를 앞두게 되었다. 부모님은 직업군인을 해 보면 어떻겠냐고 권유하셨다. 하고 싶은 것이 전혀 없었던 나는 그저 흘러가는 대로 직업군인으로서 해군에 입대했다.

입대해 훈련소 및 교육 과정을 마치고 해군하사로 임관했다. 그러고 나서부터는 '모든 사람이 사는 게 다 똑같지 뭐' 하며 삶에 대한 고민을 애써 잊어버렸다. 그렇게 일에 집중하며 바쁘게 군 생활을 했다. 퇴근 후에는 주로 게임을 하고 술을 마시며 허송세월했다. 그러다 보니 무언가 마음이 항상 텅 빈 것처럼 허전했다. 어떻게 허전함을 채울 길이 없어 방황하고 답답해하던 차에 나를 다시 한 번 돌아보는 계기들이 있었다.

첫 번째 계기는 배에 있는 도서관에서 필요 없는 책을 정리해 다른 곳으로 보내는 작업을 하던 중 《생각대로 살지 않으면 사는 대로 생각하게 된다》라는 책을 우연히 발견한 것이었다. 그 책을 읽게 되면서부터였다. 그 책에는 사는 대로 생각하는 삶이 아닌, 자신들의 생각대로 사는 사람들의 인생이야기가 나온다. 읽는 내내 너무 설레고 황홀해 마음이 진정되지 않았다. 이제껏 책을 읽으며 머리칼이 곤두선다는 느낌이 든 적은 처음이었다. 동시에 '과연 나는 이 책 속의 사람들처럼 나 자신의 생각대로 인생을 살고 있는가? 아니면 사는 대로 생각하는 인생을 살아가고 있는가?'라는 고민을 깊이 하게 되었다.

그러곤 지금껏 나의 삶은 그저 사는 대로, 흘러가는 대로 생각하는 삶이었다는 결론에 이르렀다. 그리고 나도 책 속의 사람들과 같이 자신의 생각대로 살고 싶다는 강한 열망을 가지게 되었다. 그리하여 게임을 끊고 이전에는 전혀 읽지 않던 책을 읽기 시작했다. 그리고 전부터 배우고 싶었지만 용기가 나지 않아 못 배웠던 일본어를 배우기 시작했다. 그렇게 나의 미래를 위해 용기를 내게 되었다. 남들이 볼 때는 보잘것없는 작은 일일 수도 있을 것이다. 하지만 나에게는 태어나서 거의 처음 내가 스스로 결정하고 선택한 삶이었다.

두 번째 계기는 친구와 함께 2박 3일간 제주도 여행을 다녀오게 되면서였다. 배 수리 기간 중 휴가를 받고 행복한 마음으로 친구와 여행을 계획해 제주도에 가게 되었다. 친구와 난 제주도의 아름다운 경치와 맛있는 음식에 흠뻑 취하게 되었다. 특히나 나에게는 예전부터 쉬는 날이면 이른 새벽쯤 혼자 일어나 드라이브하는 버릇이 있었다. 여행 중에도 역시 새벽에 몰래 일어나 드라이브를 했다.

　제주도의 푸른 초원을 드라이브할 때의 그 자유로움과 에메랄드빛 해변가를 걸으며 보았던 일출의 황홀함을 아직도 잊을 수 없다. 그때 그 순간, 아무 생각 없이 너무 행복했다. 그때부터 1년에 한 번씩은 꼭 시간을 내어 혼자든, 함께든 제주도로의 여행을 계획해 힐링하는 시간을 갖고 있다.

　이 두 가지를 계기로 나는 나의 성격, 장점과 단점, 좋아하는 것과 싫어하는 것 등을 알아보았다. 그러면서 나 자신에게 좀 더 관심을 가지게 되었다. 나의 생각대로 삶을 살아가기로 마음을 다잡았다. 또한 생각만으로도 가슴이 벅차고 행복한 꿈을 가지고 싶다는 생각을 하게 되었다.

　그러던 중 드라마 〈함부로 애틋하게〉에서 남녀 주인공이 별장 같은 집에서 따뜻한 시간을 보내는 장면을 보게 되었다. 며칠 동안 그 집이 생각나고 눈앞에 아른거렸다. 나는 검색을 통해 그 촬영지가 근무지 근처라는 것을 알게 되었다. 그러곤 그곳을 구경하러 갔다. 별장 같은 집을 실제로 보는 순간 '아! 나도 이런 아름다운 별장을 가지고 싶다'라고 간절히 원하게 되었다. 그리고 이왕 마련할 거라면 내가 그토록 좋아하는 제주도에 나만의 아름다운 별장을 가지고 싶다는 꿈을 가지게 되었다.

　먼저 별장의 위치는 푸른 산과 에메랄드빛의 바다를 볼 수 있는, 자연과 하나가 되는 곳일 것이다. 별장 앞에는 매화나무가 서 있는, 바비큐 파티를 할 수 있는 정원이 있을 것이다. 구조는 2층으로 된 큰 집 형태일 것이다. 1층은 영화 감상과 책을 읽고 쓸 수 있는 장소로 꾸밀 것이다. 2층은 편안히 쉴 수 있는 장소이면서 비 오는 것과 밤에 별을 볼 수 있도록 천장을 통유리로 만들 것이다.

이러한 상상을 하는 것만으로도 너무 벅차고 행복했다. 그러면서 동시에 '어떻게 하면 이 꿈을 실현할 수 있을까?' 생각했다. 현실적으로 나의 지금 수입으로는 불가능한 꿈이기 때문이다. 예전의 나였으면 지금의 직업과 상황을 한탄하며 그 꿈을 허황된 꿈이라면서 좌절했을 것이다. 하지만 나는 군 생활을 하면서 '무엇이든 하면 된다!'라는 강인한 정신을 배우고 경험했다. 그렇기 때문에 지금 당장은 시간이 날 때마다 촬영지의 별장을 찾아가 나의 꿈을 상상하는 것, 별장 사진을 보는 것이 전부이지만 절대 포기하지 않으려 한다. 너무도 소중한 꿈이기 때문이다.

요즘 나는 명사들의 명언집을 주로 읽고 있다. 그중에서 마하트마 간디의 말이 와 닿았다.

"당신의 믿음은 곧 당신의 생각이 되고, 당신의 생각은 곧 당신의 내뱉는 말이 되고, 당신의 내뱉는 말은 곧 당신의 행동이 되고, 당신의 행동은 곧 당신의 습관이 되고, 당신의 습관은 곧 당신의 가치관이 되고, 당신의 가치관은 곧 당신의 운명이 된다."

이 말처럼 나 역시도 꿈을 이루겠다는 믿음을 가지고 조급해하지 않고 내가 할 수 있는 것부터 한 걸음씩 행동하려 한다. 나는 제주도의 아름다운 별장에서 오롯이 나에게 집중할 수 있는 시간을 보낼 것이다. 때론 내가 사랑하는 가족들과 지인들을 불러 함께 파티를 열기도 할 것이다. 그렇게 현실에 지친 마음을 황홀한 일출을 보며 힐링할 수 있는 그 순간을 상상한다. 오늘도 나의 인생으로부터 도망치지 않고 적극적으로 임하는 성공자로 살아가고자 한다.

죽기 전에 꼭 하고 싶은 것들

42

언제나
도전하며 살기

류현미 상담사, 홈트레이너, 〈생활협동조합〉 이사, 여행가

상담공부를 하면서 상담 관련 업무를 하고 있다. 다이어트, 체력 증진 등의 홈트레이너로서 사람들의 건강에도 활력을 주고 있다.
또한 〈생활협동조합〉 이사, 전문 여행가로서도 활동하면서 다양한 삶을 즐기고 있다.

• Blog blog.naver.com/1130hm   • C·P 010 2955 8654

상상만으로도 슬플 것 같지만 죽기 전에 하고 싶은 것을 상상하면 이상하게 기분이 좋아진다. 죽기 전에 내가 뭘 할 수 있을까? 드라마를 많이 본 탓일까? 예전에는 큰 쇼핑몰에 가서 이 옷 저 옷 입어 보고 모두 사는 것 같은 단순한 생각을 한 것 같다.

그랬던 내가 죽기 전에 하고 싶은 것은 산티아고에 가 보는 것이다. 최근 여행을 자주 다니는 나는 산티아고의 순례길에 관심이 생겼다. 하지만 막상 실행할 수 있을까 싶은 생각이 든다. 지금은 아이들이 어린 만큼 긴 여정에 엄마의 자리를 비울 수가 없기 때문에 불가능하다. 추후 아이들이 크고 나서는 아이들이 큰 만큼

나도 나이가 들었을 테니 체력이 받쳐 줄까 걱정이다.

새로운 길을 가는 것을 정말 잘하는 나다. 하지만 산티아고만큼은 걱정이 앞선다. 긴 길을 혼자 걸어야 한다. 그 걷는 여정에 나에게 다가오는 것은 무엇일까? 과연 어떤 성장을 하고 나를 마주하는 기분은 어떤 기분일까? 다른 이들이 써 내려간 성장을 몸소 느껴 보고 싶다.

인생의 여정에도 여러 굴곡이 있는 것처럼 그 순례길도 평탄하지만은 않을 것 같다는 생각이 든다. 하지만 아마도 그것을 성취하고 나서 나는 분명 다른 나를 발견하게 될 것 같다.

여행들을 마치고 오면 늘 또 다른 나를 발견하게 된다. 그리고 내 삶의 태도가 바뀐다. 그렇듯이 산티아고 순례길도 나에게 어마어마한 무언가를 남길 엄청 큰 산이 될 듯하다. 이 험난한 세상 속에 자꾸 뛰어드는 나를 발견한다. 오늘도 도전, 내일도 도전하는 나를 주위 사람들은 정신없다 할지 모른다. 하지만 나에게는 그런 나의 모습이 한없이 멋져 보인다.

'이 아름다운 세상에 와서 불안으로 가득 차 해 보고 싶은 것을 해 보지도 못하고 죽는다면 죽기 직전 얼마나 후회할까'라는 생각이 든다. 그나마 나는 여러 도전을 끊임없이 열정적으로 하고 있다. 물론 그런 열정이 빨리 식을 때도 있고 오래 지속되어 내 삶을 좀 더 가치 있게 만들어 주기도 한다. 그렇게 도전하면서 실패도 맛본다. 하지만 그 도전을 통해 나는 또 하루를 발 딛고 일어선다. 그

죽기 전에 꼭 하고 싶은 것들

렇게 한 발짝 앞으로 달려 나가는 나를 종종 발견한다. 그 과정이 혹독할 때도 있고 포기하고 싶을 때도 있다. 하지만 그런 나조차도 나인 것을 인정해야 한다.

사람들은 성향과 살아가는 방식이 모두 다르다. 돈을 모아 집을 사는 사람. 그 돈으로 맛있는 것을 사 먹는 사람. 그 돈으로 옷을 사 입는 사람. 그 돈으로 여행을 다니는 사람 등. 이렇듯 여러 부류의 사람들이 그들만의 가치를 가지고 생활할 것이다. 사람마다 가치의 기준이 모두 다르기 때문에 그에 맞는 삶을 살아가는 것이라 생각한다. 그 '여러 가지 삶의 방식 중에 그들이 가장 집중하거나 가장 가치가 높다고 생각하는 것에 소비를 하며 살 것이다.

그들 중에 나는 어떤 사람인가? 살아오면서 나 역시도 앞서 얘기한 가치를 조금씩은 경험한다. 그리고 앞으로 변화될 수도 있다고 생각한다. 나는 내 상황에 맞게끔 그 가치 기준을 내 마음대로 해석하며 살아온 것 같다. 내 삶이니까. 돌이켜 보면 '그때 나는 그랬지?'라는 생각이 많이 든다.

아이들이 어릴 적만 생각해 봐도 브랜드 유모차와 옷과 장난감에 목을 맸다. 그것이 없으면 내 아이를 키울 수 없을 것 같은 생각이 들었다. 그런데 과연 그랬을까? 그 물건들이 없으면 내 아이를 못 키웠을까? 지금 생각하면 정말 그땐 참 절박했던 것 같다. 그 당시 나도 정신연령은 아직 아이였던 것 같다. 그런 내가 아이를 키워

야만 했다.

그래도 아이들은 나보다 나은 환경 속에서 나보다 더 많은 사랑을 받으며 자랐다. 하지만 그 기준에 맞추느라 나는 너무 힘들었던 것 같다. 아이에게 아이를 맡긴 격이니 얼마나 하루하루 노심초사였을까? 브랜드 장난감 하나면 우리 아이가 하루 종일 엄마를 괴롭히지 않고 잘 놀 것 같은 환상을 가졌다. 그래서 브랜드 장난감을 구매하는 것이 그 시절 나에게는 가장 중요한 가치였던 것 같다.

물론 브랜드 장난감 덕을 본 것도 사실이다. 하루 종일은 아니지만 아이들은 간혹 내 손을 떠나 그 장난감을 가지고 놀기도 했으니까 말이다. 그런 나날들을 뒤돌아보며 웃는 이런 날도 온다는 사실에 감사하다.

요즘 나에게는 여행이라는 가치가 더 중요하다. 아이들이 어리다는 이유로 엄두도 못 내던 내가 여행을 시작했다. 그러면서 아이들과 지내는 것이 더없이 행복해졌다. 아이들에게도 나에게도 남편에게도 삶의 휴식 같은 여행을 시작하면서 서로 많이 성장했다.

나는 여행지에서 산행을 많이 하는 편이다. 그런 만큼 언젠가는 산티아고로 발걸음을 옮겨 보고 싶다. 정말 나는 그렇게 꼭 한 번 산티아고를 여행해 보고 죽을 수 있다면 좋겠다. 누군가 "왜 사서 고생해?"라고 말할 수도 있겠지만 내 삶의 가장 큰 계기는 여행이었다. 그리고 우리 아이들과도 여행을 하며 굉장히 친해졌다.

여행은 내 삶의 변화를 직접 체험하고 겪는 것이다. 그럼으로써 변화를 맞이하게 된다. 그리고 이 세상의 많은 관계 속에서 힘든 날 그리고 가끔은 지친 날 여행은 나를 치유해 주었다.

작은 여행이 나에게 가져다주는 건 자연이 주는 아름다움이다. 서울에서 조금만 벗어나도 넓은 하늘과 푸른 산과 강, 바다가 보이는 아름다운 나라가 우리나라 대한민국이다. 그곳을 이곳저곳 탐험하고 구석구석 탐색하는 것은 내 삶에 큰 희망과 변화를 가져다준다.

삶의 여정과 비슷한 여행 여정, 나는 그 여행을 즐기는 삶을 살고 있다. 그 여행 속에서 또 다른 여행을 간다. 그리고 정말 험난할까? 즐거울까? 설레면서 그 미지의 세계 산티아고를 꼭 가 보고 싶다.

사실 지금 나는 두려움이 훨씬 크다. 한국이 아닌 그곳에서 과연 혼자 걸을 수 있을까? 나의 첫 번째 여행 목적은 그 두려움을 깨어 보는 것일 수도 있다. 그곳에서 어떤 나를 만나더라도 지금의 나보다 좀 더 성숙해 있을 거라는 확신이 든다.

지난겨울 아이들을 데리고 눈 덮인 태백산으로 향했다. 나는 그 전날까지도 '안전하게 다녀올 수 있을까?' 걱정했다. 때문에 다음 날 아침까지도 결정을 못했다. 하지만 이내 나는 "태백산 아래 눈썰매장만 갈까?" 하다가 "그래, 태백산에 가자!"라고 말했다. 아이들과 함께하는 여정이니 만큼 어떤 변수가 생길지도 모른다는 불안감이 나를 감싼 듯했다. 나는 아이들을 건강하게 키울 의무가 있는 엄마니까. 그런 생각에 사로잡혀 있었지만 용기 내서 또 시작하는 나를 발견했다.

산행에서 수많은 사람들이 아홉 살, 일곱 살인 우리 집 꼬맹이 두 녀석을 칭찬하며 사탕과 초콜릿을 주셨다. 아이젠 사이즈도 없는 막내는 부츠를 신고 노래를 잘도 부르며 올라갔다. '백두산 호랑이야. 다 나와라' 같은 가사를 되뇌며 열심히 노래를 불렀다. 그리고 태백산에서 가장 높은 장군봉을 찍고 다시 내려오는 길. 어찌나 아이들 얼굴에 뿌듯한 미소가 가득하던지….

아빠가 끌어 주는 대로 미끄럼을 타고 내려온 우리 아이들. 언제나처럼 험난할 것만 같았던 여행이 "나 해냈어."라며 행복하고 뿌듯하게 끝나다니…. 앞에서 이끌고 뒤에서 따라오는 여정이었지만 우리 아이들은 모르는 이모, 삼촌, 할머니, 할아버지들의 칭찬을 듬뿍 받으면서 산을 오르고 내려왔다. 더할 나위 없이 행복한 산행이었다는 생각이 들었다.

이런저런 여행을 다니며 아이들과 웃고 울고 지내는 날들을 통해 나도 만만치 않게 성숙한다. 그래서 나는 믿는다. 산티아고에서 나를 흔드는 무언가를 발견할 것이라고. 그렇지 않더라도 괜찮다. 그곳에 가겠다고 발을 내딛는 순간 나에겐 해낸 것이라는 생각이 들 것이다. 내가 죽을 때쯤 산티아고행을 감행한다면 아마 내 인생에서 후회는 없을 것 같다. 그렇지 않다면 눈감는 순간 이렇게 생각할 듯하다. 산티아고 그 여정을 한번 가져 볼 걸이라고.

죽기 전에 하고 싶은 것을 쓰고 있으니 슬퍼야 할 것 같다. 그런 데 어느새 산티아고를 향해 발길을 옮기고 있는 듯해 나에게는 환희가 차오른다. 나는 또 도전할 것이다!

죽기 전에 꼭 하고 싶은 것들

윤일환 민수진
김보람 김희진
김경진 김관우
박혜란 신종원
김지현 조재하
이나은

43

완벽한
경제적 자유생활 누리기

윤일환 경찰공무원(지능범죄수사관, 성폭력수사관), 학교폭력 상담사, 미디어중독 상담사, 자기계발 작가

현직 경찰관으로 지구대 순찰요원, 경제범죄수사관, 사이버범죄수사관, 지능범죄수사관, 여성청소년범죄수사관 등 형사 업무를 하고 있다. 현재 경찰 후배들과 경찰 입문 고시생들을 위한 개인저서를 준비 중이다.

• Blog blog.naver.com/neo2yh   • C·P 010 3003 7606

내가 초등학교에 들어가기도 전의 일이다. 당시 시골집들은 전부 초가집이었다. 30가구 정도 되는 집성촌이었는데 우리 집이 동네 최초로 슬레이트 지붕을 얹은 집을 신축했다. 지금은 석면으로 인해 문제가 많지만 그 당시에는 최고의 현대식 건축물이었다. 때문에 동네 사람들과 내 친구들은 우리 집을 엄청 부러워했다.

하지만 그것도 잠시였다. 새집을 짓고 입주한 지 한 달 만에 앞 동네로 쫓겨나야 했다. 갚지 못한 빚 때문이었다. 어렸지만 동네에서 같이 살고 있던 삼촌뻘 아저씨들이 매일같이 찾아와 부모님에게 돈을 갚으라며 막된 행동을 한 것이 기억난다. 아버지는 고향에

대한 미련 때문에 멀리 이사를 가지도 못하고 바로 앞 동네로 이사했다. 앞 동네는 다른 성씨의 집성촌이었다.

매년 대보름날 불 깡통을 돌리며 냇가를 사이에 두고 서로 전쟁 아닌 전쟁을 벌였던 동네다. 마을 대항 운동회 날에는 서로를 무시하며 경쟁자 취급하던 동네다. 하필 그 동네로 이사를 갔으니 또래 아이들이 우리를 좋아했을 리 만무하다. 친구로 대해 주지도 않았다. 이 일로 나는 어렸음에도 돈이 무서운 것이란 걸 일찌감치 알게 되었다. 그 일 이후 나는 돈을 쓰지 않았다. 나뿐만 아니라 형들과 누나들, 쌍둥이 동생 또한 돈에 대해 큰 트라우마를 안게 되었다. 성인이 되고 중년이 된 형제들은 현재도 서로 돈거래 하는 것을 어려워한다.

초등학교에 들어가고 고등학교를 졸업할 때까지 돈을 함부로 써 본 적이 없다. 아니 당시에는 쓸 용돈 자체가 없었던 것 같다. 단지 형들과 누나들이 명절 때나 가끔 집에 내려올 때 꼬불쳐 주는 돈이 나의 비상금의 전부였다. 용돈을 벌기 위해 동생과 함께 토끼를 키워서 팔고 산에서 뱀을 잡아 팔았던 기억이 있다.

대학을 졸업하고 취직하고 싶었으나 IMF 사태가 터진 다음 해였다. 취직이 되지 않아 영어학원 영업사원을 하고 모텔에서 알바를 했다. 그러던 중 단돈 2만 5,000원을 들고 막내 누나가 살고 있던 경기도 모 도시로 올라갔다. 매형이 군고구마 통과 리어카를 구입해 줘서 3개월 동안 군고구마 장사를 하게 되었다. 지하철 종점인 데다 여고 후문인지라 여학생들에게 인기가 많아 장사가 꽤 잘됐다. 그 수익금으로 군고구마 리어카 구입비를 갚았다. 생활비를 벌고도 통장 잔고가 2만 5,000원에서 200만 원이 되었다.

날씨가 따뜻해지면서 더 이상 군고구마가 팔리지 않아 중국집 배달 알바를 했다. 하지만 나는 그런 생활이 너무 싫었다. '왜 나는 이렇게 살아야 하지? 그래도 대학까지 나왔는데 내가 뭘 잘못해서 이 정도뿐인가?'라고 자책하며 매일같이 술을 마셨다. 그렇게 고민에 빠져 있던 나에게 막내 매형은 "1년 동안 써 봐. 원금만 갚으면 돼."라면서 그때나 지금이나 큰돈인 1,000만 원을 건네줬다.

당연히 매형 집도 잘사는 편은 아니었다. 지금도 항상 그 점에서 감사하게 생각하고 있다. 이와 같이 갑자기 하늘에서 뚝 떨어진 것 같은 거금 1,000만 원과 통장에 있던 200만 원을 탈탈 털어서 당시에는 생소했던 '뼈 없는 치킨' 프랜차이즈 가게를 운영하게 되었다. 투자비용이 적다 보니 매장 영업 없이 배달만 했다. 뼈 없는 치킨은 어린아이들과 여성들에게 인기가 많았다. 특히 군고구마를 자주 사 가던 여학생 고객들이 큰 도움이 되었다. 주변 사람들의 많은 도움을 받고 새로운 메뉴를 개발하면서 인기를 끌게 되었다. 그렇게 2년을 운영하자 빌린 돈을 갚고서도 통장에는 3,500만 원이 남았다.

하지만 욕심에 차지 않았다. 나는 항상 돈에 목말라했다. 그래서 새로운 일을 찾아보게 되었다. 현재도 그렇지만 당시 사회적인 문제였던 청년실업에 대해서 MBC 라디오 〈손에 잡히는 경제〉에서 프로모션 했다. 나는 '청년실업, 창업이 답이다'에 도전하게 되었다. 그 결과 3차 선발 과정을 거쳐 당당하게 우동전문점 프랜차이즈 '한우동'의 점주로 선발되었다.

이후 영업과 조리 교육을 받았다. 그러곤 서울 시내에 30평이 넘는 매장을 임차하고 지원 받은 돈으로 가게를 꾸며 오픈했다. 가게 오픈 날 MBC에서 대대적인 광고와 다큐멘터리 촬영을 했다. 나는 매장을 담당하고 큰누나가 주방을 맡아 조리했다. 그리고 찬모 및 배달사원을 고용했다. 어엿한 사장이 된 것이다.

이번에도 영업은 잘되었다. 기존 고객이 많았으며, 학원 및 사무실, 아파트를 끼고 있어서 하루에 항상 50만 원의 매출을 찍었다. 영업이 잘되고 직원들이 일을 잘해 줘서 성공이 눈앞에 보이는 것 같았다. 그렇게 조금만 더 노력하면 부자가 될 줄 알았다. 주방이모와 배달사원을 한 명씩 더 고용하고 홀 서빙 아르바이트생도 2명을 고용하게 되었다.

나는 내가 해야 할 일을 종업원에게 미루고 요리도 직접 하지 않았다. 긴장이 풀리고 나태해진 것이다. 어느 순간 매출이 줄게 되었다. 인건비와 임대료, 재료비를 지불하고 나면 나에게 남는 돈이 없었다. 이건 아니다 싶었다. 분수에 맞지 않게 커다란 평수의 매장을 임차해 임대료가 높았다. 게다가 다수의 종업원을 고용해 인건비가 매출의 50%를 넘어가고 있었다. 영업하면 할수록 적자가 나는 상황이었다. 나는 비상상황을 타개하기 위해 가게를 처분했다. 이번엔 통장 잔고가 8,000만 원이었다.

이후 인연이 닿아 세계맥주·오뎅바 전문 프랜차이즈 본사에서 회사생활을 하게 되었다. 하지만 참신하지 않은 아이템과 임원진의 갈등으로 회사가 2개로 분리되었다. 수개월 동안 월급을 한 푼도 받지 못한 데다, 로또복권 자판기 사업에 투자해 2,000만 원을 손해 봤다. 수입이 없자 통장 잔고는 빠르게 비워져 갔다. 안정적인 직장이 필요했다.

그렇게 발등에 불이 떨어진 나는 서른두 살에 모든 일을 정리하고 노량진 고시원에 들어갔다. 경찰공무원 시험에 도전하기 위해서였다. 다른 사람들은 20대 중반에 시작해서 30대 초반에 포기하고 나오는 노량진이었다. 하지만 나는 2년 5개월 동안 죽기 살기로 공부했다. 더 이상 물러설 데가 없었기 때문이다.

나는 이제 지능범죄수사관 4년, 성폭력수사관 4년 등 12년 경력의 베테랑 형사가 되었다. 안정된 직장을 얻었으며 결혼해 아내와 아이들이 있다. 비록 대출이 있지만 서울 시내에 아파트 두 채를 소유하고 있다. 평범한 삶으로서는 성공했다고 할 수 있다. 하지만 경제적으로 완벽하게 독립된 삶을 살고자 하는 나의 열망을 채우려면 아직 멀었다.

나는 서른 살이 되기 전에 1억 원을 모으는 것이 꿈이었다. 40대 중반이 된 지금, 그 꿈은 이루지 못했지만 나는 이제 새로운 꿈을 꾼다. 나의 이름으로 된 책을 출간해 경찰 신임 직원들과 각 대학에서 경찰학을 공부하는 대학생, 노량진 고시원에서 경찰시험을 준비하는 수험생들에게 꼭 필요한 조언과 지식을 전달해 주는 메신저 및 강연가가 될 것이다.

나이 쉰 살이 되기 전에 서울 시내 50평대 아파트에서 거주할 것이다. 또한 현재 타고 있는 국산 SUV차량을 고급 외제차로 바꿀 것이다. 그리고 시골에 계신 부모님에게 새 집을 지어 주고 부모님을 모시고 크루즈 여행을 할 것이다. 1년에 2회 이상 가족들과 해외여행도 갈 것이다. 그동안 살아오면서 도움 받은 사람들에게 보답도 하고 도움을 줄 수 있는 사람이 될 것이다. 직장 동료들의 부러움을 받으며 떳떳이 직장을 그만둘 것이다.

그동안 완벽한 경제적 자유를 향해 살아온 경험과 지식, 열정이 있고 나의 꿈을 이뤄야 하는 이유인 아이들이 있는 만큼, 또한 현재 〈한책협〉에서 열심히 책을 쓰고 있는 아내가 있는 만큼 충분히 나의 꿈을 이룰 수 있으리라 본다.

44

무료 언어센터
건립하기

민수진 진로·인성 전문 강사, 사회복지사, 컨설턴트

사회복지학 박사로, Future-Finder 연구회 사무총장을 역임하고 있다. 서초구립여성회관 청소년커리어컨설팅사업단의 전문
강사로 활동 중이며, 산업인력공단, 문화센터 및 초중고에 출강하고 있다. 사회복지사로서 학생 및 성인들의 진로고민을 컨설팅해
주면서 다양한 사회현상에 대한 연구를 진행하고 있다. 저서로는 《사회복지실천론》이 있으며, 현재 '진로 및 세대 갈등'을 주제로
개인저서를 집필 중이다.
• E-mail future-finder@naver.com

요즘은 조금 식은 듯해도 여전히 인기 있는 것이 있다. 구글, 네
이버 등 다양한 곳에서 이루어지고 있는 많은 언어 번역이다. 과거
에 비해서는 꽤 높은 번역도로 간단한 회화 등은 그리 큰 무리 없
이 할 수 있게 해 준다. 그럼에도 불구하고 전문분야의 번역은 인
간만큼 높은 정확도를 유지하지 못하고 있다. 내가 영어에 집착하
고 공부해 왔던 것은 그만큼 내가 잘 못하는 부분이기 때문이다.
나이 들어 가면서도 여전히 영어의 고지를 넘지 못했기 때문이다.

고등학교 시절, 영어 점수를 올려 보겠다고 영어에 전념했다. 그

러다가 정작 내가 잘하는 수학 점수는 20점이나 떨어지고 영어는 10점이 올라서 당황했던 기억이 있다. 물론 나는 그 덕분에 원하는 대학의 원하는 학과에 진학할 수 없었다. 이는 내가 영어에 한때 집착하게 된 이유가 되었다.

그럼에도 불구하고 내겐 영어가 그리 호락호락한 학문은 아니었다. 대학을 가서도 영어를 그리 잘하지는 못했다. 변명을 하자면, 내 뇌구조는 수학에 더 적합한 구조였던 것 같다. 어쨌든 이렇게 영어를 잊어 가고 있었는데 내 친구가 동업을 제안했다.

그 당시 나는 한 연구소에서 한 파트를 책임지고 있는 책임연구원이었다. 잘 안 되는 영어와 일본어로 연구보고서를 쓰면서도 나름 잘나가고 있었다. 하지만 회사생활에 회의가 들면서 뭔가 다른 일을 해 볼까 하는 생각을 갖고 있던 때였다. 마침 회사를 그만둘 명분을 찾고 있던 나였기 때문에 회사를 그만두고 졸지에 보습학원의 영어강사가 되었다.

영어강사를 하기에 나는 참 적합했던 것 같다. 왜 공부를 못하는지 왜 영어가 어려운지 이해했기 때문에 오히려 공부를 잘했던 선생님들보다는 유리하다고 생각했었다. 덕분에 아이들의 성적을 올려 주는 괜찮은 강사로 일하게 되었다.

그러다 나 스스로 전문성을 갖춰야 한다는 생각에 테솔(TESOL)의 필요성을 느꼈다. 한 대학교의 테솔 과정에 진학했지만, 테솔 공부는 주객을 전도시키는 계기가 되었다. 수업시간에 비해

방대한 양의 숙제에 압도되어 도저히 학원 강의와 병행할 수 없다고 판단하고 학원을 나오게 되었다. 그렇게 테솔 과정을 졸업하고는 유치원에서 영어를 가르치는 강사로 변신하게 되었다. 그때를 생각하면 참 행복했던 것 같다. 물론 힘든 점도 많았지만….

지금까지의 나의 이야기를 살펴보면 뭔가 영어 하나는 정복한 사람처럼 보일 것 같다. 그러나 현실은 정반대다. 영어를 공부하면 할수록 더 자신감을 상실했다. 나보다 더 영어를 잘하는 수많은 사람들을 보며 좌절했다. 그러다 보니 나는 또 다른 공부를 시작하면서 영어에 대한 열정을 잃어버리고 있었다. 이렇게 글을 쓰기 전까지는….

영어가 왜 필요한지 말하지 않아도 우리는 다 알고 있다. 아무리 번역기가 우리의 말을 번역해 준다고 해도 인터넷의 바다에서 수많은 정보를 자유자재로 받아들이기 위해 영어가 얼마나 필수적인지 말이다.

그럼에도 불구하고 우리의 학교교육은 아직도 이러한 욕구를 충분히 채워 주지 못하는 것 같다. 물론 요즘 친구들 중에는 원어민처럼 자유자재로 영어를 구사하는 이들이 많다. 하지만 상대적으로 영어를 멀리하는 분들이 더 많다. 그런 사람들 중 하나가 바로 나다. 때문에 나는 돈이나 환경 탓에 영어를 제대로 배우지 못하거나 원어민처럼 자유롭게 사용하지 못하는 분들에게 언제 어디서나

마음만 먹으면 쉽게 배울 수 있는 무크(MOOK) 같은 교육 채널을
열어 주고 싶다.

영어교육은 계속 진화하고 있는 중이다. 나의 학창 시절에는 성
문영어나 정철, 윤선생 등이 핫한 선생님들이셨다. 그저 읽고 해석
하는 능력이 중요하던 시절이었다. 그러나 지금은 말하는 것에 중
점을 두는 시원스쿨이나 야나두가 대세가 되었다. 그런데 여기에는
한 가지 공통점이 있다. 현재 우리나라 학원계에서 가장 돈을 많이
버는 분야는 기초영어 분야라는 것이다.

이것은 무엇을 시사할까? 아직도 많은 분들이 영어의 기본 분
야를 배우다 포기하고 다시 도전하기를 반복하고 있다는 뜻이다.
이러한 문제점을 해결하는 방법은 누구는 꾸준함이라 할 것이고,
누구는 언어능력이라 할지 모르겠다. 그러나 나는 단호하게 말하고
싶다. 시간과 돈이라고 말이다.

언어를 습득하는 것은 참 지루하고도 먼 과정이다. 잠깐이라도
그만두면 하얀 종이처럼 다 새까맣게 잊어버린다. 그런 만큼 언어
를 습득하는 데는 꾸준하게 반복하는 것이 매우 중요하다. 그러나
이 바쁜 세상에 과연 누가 꾸준히 영어에 돈과 시간을 투자할 수
있을까? 시간도 많아야 하지만 돈도 많이 필요하다. 이러한 부분
에서 돈만이라도 해결된다면? 초급에서 고급까지 언제든지 원하는
시간에 배울 수 있다면? 자신의 부족한 부분을 족집게처럼 해결받

을 수 있다면? 아니, 이러한 부분은 내가 원하는 부분이다.

세상에는 많은 분야의 전문가들이 있다. 그러한 전문가가 되기 위해 우리는 한 가지 넘어야 할 산이 있다. 그것은 영어다. 내가 미국에서 태어났다면 나는 그러한 고민을 하지 않을 것이다. 그냥 공부하면 된다. 왜냐하면 나는 미국인일 테니까. 그러나 현실은 그렇지 않다. 나는 한국인인지라 영어를 공부해야 한다.

누군가는 이런 말도 했다. 한국이 세계 1등 국가가 되고 세계의 중심이 되면 된다고…. 그러한 노력을 지금 중국이 하고 있다고 한다. 그런 중국에서도 영어공부를 정말 열심히 하고 있다는 사실을 모두 안다. 미래의 어느 순간에는 그런 일이 있을 수도 있겠지만, 현재는 아니다. 그것이 영어를 놓지 못하는 이유다.

앞에서 많은 부분을 할애해서 영어의 필요성과 무료 영어 콘텐츠를 무한 제공하는 것이 많은 사람들에게 얼마나 도움이 되는지 이야기했다. 물론 눈치챈 분도 있으리라. 돈이 많은 분들이나 그분들의 자녀들 중에는 영어를 잘하는 사람들이 많다. 유학을 갔다 온 사람도 많다. 그러나 소득이 적은 분들은 상대적으로 그렇지 못하다.

그렇기 때문에 나는 영어를 바탕으로 한 센터를 건립하고자 한다. 너무 거침없고 거대한 것처럼 보일지 모르겠으나, 이는 정말 필요한 사업이다. 그래서 현재 나는 돈을 많이 벌어야 한다. 그러니만큼 그 부분에 집중하고 있다. 무한대로 조건 없이 언제나 마음껏 양질의 영어교육을 받을 수 있는 온라인·오프라인 센터를 건립하는 것이 나의 꿈이다. 이러한 센터를 우리나라에 설립해서 우리 미래 세대들에게 영어교육을 제공하고 싶다.

45

그림책 작가가 되어
세상에 행복한 영향력 끼치기

김보람 그림책 작가, 지구별 여행자

그림책 작가다. '삶은 여행, 여행은 예술'이라는 좌우명 아래, 즐겁게 살아가는 지구별 여행자이기도 하다. 저서로는 《나는 왜 달리고 있는 걸까요?》가 있다. 응원과 위로가 담긴 이야기를 그려 내기 위해 오늘도 기쁘게 달려가고 있다.

• E-mail qazzp@naver.com

"되게 진부한 질문인데요. 만약에 내일 죽는다면 오늘 뭐 할 거예요?"

"음…."

얼마 전에 한 친구가 요즘 주변인들에게 묻고 다니는 질문이 있다며 말을 꺼냈다. 나는 한참을 대답하지 못했다. 오래 살거란 막연한 믿음 때문이었을까. 자타 공인 꿈쟁이였는데, 어느 순간부터인가 그냥 흘러왔나 보다. 더듬거리다가 어쨌든 대답은 해야 할 것 같아서 요즘의 일상과 연결된 이야기를 했다.

"내가 못다 이룬 꿈을 열심히 정리해서 누군가에게 부탁하고 죽을래. 아직 그림으로 그려 내지 못한 그림책 원고를 맡긴다거나?"

"와, 되게 독하다. 그럼 일주일 뒤에 죽는다면?"

"일주일 뒤나 하루 뒤나 비슷할 것 같은데?"

"그럼 한 달 뒤에 죽는다면요?"

"아, 한 달 뒤는 얘기가 다르지. 이동시간도 넉넉히 나오니 어디든 갈 수 있겠네. 여행을 다닐래. 지구별 이곳저곳을 자유롭게 유랑하는 거야! 유랑하면서 그림책도 일기도 열심히 써서 책 내 달라고 하고 죽어야지."

"그러면 1년 뒤! 1년 뒤는 어때요?"

"1년 뒤면 열심히 작업해서 그림책도 아주 많이 내고, 여행도 많이 다니고 다 할 수 있겠다. 진짜 긴 시간이잖아."

아무렇지 않은 척 대답하긴 했지만 솔직히 좀 충격이었다. 질문 자체는 분명 익숙한데, 왜 대답이 바로 안 나온 거지? 뭔가 내가 잘못 가고 있다는 생각이 머리를 무겁게 눌렀다. 이정표가 없었구나. 지도가 없었구나. 도대체 언제 잃어버린 거지? 한동안 마음이 싱숭생숭했다. 수백 번 질문을 곱씹어 봤지만 뚜렷한 답을 찾을 수가 없었다. 나는 표류하는 기분이 들었다. 하지만 그것도 잠시였다. 내 일상은 너무나 바빴다. 당장 닥쳐오는 과제가 너무나 많았고 그 과제들을 바쁘게 쳐내다 보니 질문은 잊었다.

그리고 일주일도 채 지나지 않아 거짓말처럼 또 비슷한 질문을 받게 되었다. 바로 이 책에 참여하게 됨으로써. 놀랍지 않은가? 그렇게 충격을 받고도 그저 평소처럼 또 제 갈 길 가던 내게 '어딜 그냥 가려고?' 하며 인생이 어퍼컷을 날리는 느낌이었달까?

나는 먼저 한동안 잃어버렸던 새벽시간을 되찾기로 결심했다. 그리고 새벽의 몽롱함을 빌려 내 마음이 원하는 이야기를 죽 써 내려갔다. 새벽의 내가 알려 준 나의 꿈은 굵직하게는 세 가지다.

첫 번째, 전 세계에서 사랑받는 그림책 작가 되기.

요즘의 나는 그림책 작업에 푹 빠져서 일상을 보내고 있다. 그렇다. 사실 꿈에 대해 구체적인 대답은 내놓지 못했지만, 꿈을 향한 여정을 걷고 있긴 하다. 나는 그림을 그리는 사람이고, 그림을 통해 목소리를 내고 싶다. 그 고민과 탐색의 시간을 통해 발견한 매개체가 바로 그림책이었다. 그리고 올해 들어 이 꿈을 도와주고 응원해 주는 사람들이 내 주위에 아주 많이 생겼다. 정말 너무나 좋은 환경 속에서 나는 행복하게 꿈을 향해 달려가고 있다. 그렇기 때문에 나 스스로 자랑스러울 정도의 완성도로 책을 만들어서 출간하는 것이 내 첫 번째 꿈이다. 지금의 일상과 가장 분명하게 연결된 꿈이기도 하다. 나만의 색깔을 구축해서 많은 사람들에게 사랑받는 작가가 된다. 그래서 전 세계를 여행하며 다양한 장소의 다양한 사람들에게 내 작품을 읽어 주고, 함께 이야기를 나눈다. 아, 상상만 해도 정말 황홀한 내 미래 이야기다.

두 번째, 핑크색 캠핑카 타고 다니기.

사람들이 외제차, 스포츠카에 대한 로망을 얘기할 때 나는 항상 캠핑카를 노래했다. 이름도 미리 지어 놓았다. 가끔 불러도 본다.

"핑키키! 너 어딨니? 빨리 나랑 같이 여행 다니자!"

이름만 봐도 감이 오겠지만 내 캠핑카는 핑크색이다. 그리고 안에는 아이스크림 냉장고와 푹신한 침대 그리고 작업할 수 있는 넉넉한 공간이 있다. 아주 커다란 유리창도 있어서, 어떤 풍경이든 액자처럼 담아낼 수 있는 미술관 같은 차다. 아이스크림 얘기는 무엇인가 하면, 아이스크림은 내가 가장 좋아하는 디저트다. 1일 1아이스크림이라는 미션을 열심히 수행하고 있을 정도로!

언젠가는 아이스크림에 대한 그림책도 그릴 생각이다. 그렇다. 아이스크림으로도 이야기를, 예술을 하고 싶다. 영감을 나누고 싶다. 달콤 향긋한 맛들이 사람들의 온갖 이야기와 함께 버무려지면 진짜 멋지지 않을까? 결론은 아이스크림도 나눠 먹을 수 있고, 작업 공간도 있는 핑크색 캠핑카의 오너가 될 거란 얘기다. 와, 이것도 참 황홀하다.

마지막, 온갖 창조 도구가 모여 있는 놀이동산 만들기.

어떤 이름을 붙여야 될지는 아직 잘 모르겠지만 사실 그런 걸 만드는 건 내 오랜 꿈이다. 그 공간은 어른 아이 할 것 없이 모두가 자신의 동심과 창조력을 분출하고 발견할 수 있는 꿈의 놀이동산이다. 그림책과 장난감, 인형, 미술도구, 악기, 실험도구, DIY 키트, 트램펄린 등을 자유롭게 즐길 수 있는 공간. 놀이를 통해 창조적인 시간을 보낼 수 있는 공간. 그런 공간을 만드는 게 세 번째 꿈이다.

이 세 가지 꿈들은 사실 하나로 정리가 되는 것 같다. 사람들에게 꿈과 영감과 희망을 나누어 줄 수 있는 멋진 창작자, 멋진 매개자가 되는 것이다. 이것이 내가 죽기 전에 꼭 실현하고 싶은 미션이다.

이렇게 이전보다는 좀 더 구체적으로 죽기 전에 꼭 하고 싶은 것들을 정리하면서 나는 문득 깨달았다. 지금 이 글을 쓰고 있는 내가 내 인생에 복선을 깔고 있다는 걸. 그리고 내가 깔아 둔 이 복선들은 하나도 빠짐없이 수습될 거라는 걸. 오늘의 나는 사랑받는 그림책 작가가 되어 세상에 행복한 영향력을 끼치는 나로 분명 이어질 것이다. 그리고 그 미래의 나는 복선을 깔아 준 오늘의 나에게 무척 감사해하겠지. 정말이지 무지하게 행복한 이야기다.

46

김희진
재단 만들기

김희진 〈한국가족행복연구소〉 소장, 겸임교수, 결혼상담 코치, 부부상담 코치, 대학생 멘토, 자기계발 작가, 동기부여가

부산가톨릭대학교 치기공학과에서 박사과정을 수료했다. 20대 후반부터 10년간 치과기공 과정을 강의했다. 6년 차 주부이자 2명의 아이들을 키우고 있지만, 주부로서 안주하기 싫어 나를 잃어버리지 않으면서도 행복한 결혼생활을 위해 노력한다. 현재 '행복한 결혼생활'을 주제로 개인서서를 집필 중이다.

• E-mail ilove8232@naver.com   • Blog blog.naver.com/ilove8232
• C·P 010 9443 3207

지인들과 대화하다 보면 갑자기 머릿속이 복잡해질 때가 있다. 내가 상상하고 있는 것들을 설명하거나 새로운 분야를 이야기할 때다. 아는 언니에게 내가 생각하는 새로운 분야에 대해서 이야기했다.

"넌 책을 읽고 실행을 잘하네. 대단하다."

"나도 평범하게 살고 싶은데 머릿속에 온갖 생각들이 들끓어. 해 보고 싶은 게 너무 많아. 호기심 덩어리 세상이야."

'죽기 전에 꼭 하고 싶은 것'이 있다. 내 이름으로 된 재단을 만드는 것이다. '김희진 재단.' 생각만 해도 가슴이 뛴다. 이곳에는 내

가 기획한 여러 부서가 있다. 도서 파트, 강연 파트, 쇼핑몰 파트, 컨설팅 파트, 부동산 투자 파트, 기부 파트, 봉사활동 파트, 아르바이트 파트, 창작 파트, 마케팅 파트 등등. 예전에 기획해 두었던 버킷리스트를 이곳에서 하나씩 이루고 싶다.

요즘은 플랫폼의 시대다. 플랫폼은 원래 기차역을 말했다. 기차역을 하나 만들어 놓으면 기차 레일에 맞게 여러 형태의 기차들이 오간다. 〈한책협〉 역시 플랫폼 기업이다. 〈책 쓰기 과정〉을 기반으로 김태광 대표 코치님께서는 ABC엔터테인먼트를 설립하셨다. ABC엔터테인먼트에는 책 쓰기 과정, 유튜브 과정, 1인 창업 과정, SNS 마케팅 과정, 카드뉴스 과정, 블로그 과정, 강연 과정, 부동산 경매 과정, 부동산 투자 과정 등이 있다.

JYP는 자신의 이름으로 된 엔터테인먼트 회사를 세워 가수 연습생을 뽑고 프로 가수로 만든다. 그렇듯 김태광 대표 코치님께서도 ABC엔터테인먼트를 통해 작가 연습생을 뽑으신다. 이곳에서 프로 작가로서 다양한 분야에서 활동할 수 있도록 지원해 주신다. 현재 나의 목표는 ABC엔터테인먼트에 소속되는 것이다.

"호랑이는 죽어서 가죽을 남기고 사람은 죽어서 이름을 남긴다."라는 속담이 있다. 인간으로 태어났다면 지속적으로 성장해야 한다. 책을 쓰면 죽어서도 이름을 남길 수 있다. 독자들에게 감동을 줄 수 있고, 독자들의 생각을 변화시킬 수 있다. 삶을 수동적으

259
김희진

로 살면 안 된다. 수동적으로 삶을 살게 되면 틀에 박힌 생활을 하면서 어느덧 노년에 이른다. 꿈을 가지고 자기주도적으로 능동적인 삶을 살아야 하는 이유다.

내가 자기주도적으로 삶을 살게 된 것은 대학교 1학년 때부터였다. 나는 치기공학과에 입학했다. 치기공학과에 입학해 1학년이 되면 제일 먼저 하는 것이 석고 조각이다. 조각도로 석고를 깎아 치아를 완성해야 한다. 손에 석고가 묻고, 먼지가 날렸다. 손재주가 있는 아이들은 단숨에 치아모형을 완성했다. 처음 깎는데도 치아의 형상이 나왔다. 나는 치아의 형상을 깎다 좌절했다. 치아모형이 나와야 하는데 '포클레인'이나 '호루라기' 형상이 나온 것이다.

나는 '아무래도 이건 아닌 것 같다'라고 생각했다. '엄마께 학교를 못 다니겠다고 이야기해야 할까?' 만약 계속 학교를 다니게 된다면 열심히 해서 잘하리라 다짐했다. 여기서 그만두면 다른 일도 할 수 없을 것 같았다. 잘해 보기로 결심했다.

나는 손재주가 없고 다른 사람보다 조각을 못하기 때문에 더 많이 노력했다. 남들이 1개 하면 나는 무조건 2개 했다. 치아의 개수는 28개로 정해져 있다. 반복해서 노력하면 점점 치아 모양이 나오기 시작한다. 2차원적으로 보이던 것이 3차원적으로 보였다. 치아 모양이 점점 완성되면서 틀을 잡아 갔다. 명상을 하는 마음으로 도를 쌓는 마음으로 열심히 했다. 그때만 해도 내가 치아 조각에

죽기 전에 꼭 하고 싶은 것들

대해 강의할 거라고는 상상도 못했다. 내가 잘 못했었고, 잘 못하는 것을 극복해 봤기 때문에 학생들에게 더 잘 알려 줄 수 있었다.

3월 달이 되고 1학기가 시작되면 고등학생에서 대학생이 된 나의 제자들이 나의 치아형태 조각 수업을 수강한다. 그들은 조각을 처음 해 보면서 좌절한다. 마치 예전의 나를 보는 것 같다. 하지만 요즘 아이들은 너무 쉽게 포기한다. 잘되지 않아도 잘해 보겠다는 의지가 없다.

이는 고등학교까지 수동적으로 교육받는 우리나라 교육의 폐해가 아닌가 싶다. 학생들은 '수업시간을 대충 보내면 어떻게 되겠지'라고 생각할 수도 있다. 하지만 치아조각은 정말 어떻게 해 줄 수가 없다. 코치의 역할을 할 뿐 내가 조각을 해 준다 한들 학생의 실력은 그대로다. 스스로 하지 않으면 안 된다. 반복해서 노력하면 할 수 있는 것이다. 학생들 중에는 새로 수능을 본다고 학교를 그만두는 아이도 있다. 그런데 치아조각 하나도 제대로 하지 못하면서 다른 것을 해 본들 또 중도에 그만두거나 다시 돌아올 것이 아닌가?

삶을 주도적으로 살지 못하고 수동적으로 살면서 눈속임만 하려고 하는 학생들이 있다. 기숙사에 있으면서도 잠을 자느라고 수업에 들어오지 않는다. 주도적으로 인생을 살면 1분1초가 너무 소중하고 하고 싶은 일이 많아진다. 개중에는 이것을 깨우치고 자신의 치아조각 작품이 변화하는 것을 보면서 만족해하는 아이들도 많다. 15주의 과정인 1학기가 지나가면 석고블록이 치아모형 작품이 된다.

나는 제일 하기 싫었던 '석고 조각하기'를 극복했다. 어려운 일을 극복하고 나니 '다른 일도 주도적으로 할 수 있겠다'라는 자신감이 생겼다. 대학교 입학 이후로 스무 살을 주도적인 삶의 한 살이라고 생각하며 살았다. 내가 지금 서른여섯 살이니 삶을 주도적으로 산 것이 16년이 된 것이다. 직접 느끼고 깨달음을 얻고 성취하게 되면 인생을 자신이 기획하게 된다. 깨달음과 어려움이 있어야 느끼고 변할 수 있다.

나는 여섯 살과 세 살 난 두 아이를 키우고 있는 주부다. 10년째 치과기공을 아이들에게 가르치고 있는 겸임교수이기도 하다. 또한 작가이자 동기부여가다. 아이들을 키우면서도 일주일에 한 번 나가는 학교 강의는 그만두지 않으려고 노력했다. 주부가 되면서 하는 일이 많아지고 책임도 커졌다. 아이들은 아이들대로 존중해 주고, 나는 나의 삶을 잃어버리지 않게 치열하게 노력하면서 살았다.

그러던 중 여러 가지를 찾아서 좀 더 나은 삶을 살고 싶었다. 많은 것을 찾아보던 중 내가 어릴 적 꿈꾸었던 책 쓰기를 찾고 〈한책협〉에 가입했다. 그러곤 그곳의 ABC엔터테인먼트에 들어가는 것이 나의 새로운 꿈이 되었다. 〈한책협〉에서 〈책 쓰기 과정〉을 수강하고 다른 과정들도 수강 중이거나 수강 예정이다. 최근에는 김태광 대표 코치님께서 MOU 작가로 임명해 주셔서 사명감을 가지고 살고 있다. 그렇게 〈한책협〉에서 새로운 꿈을 꾸고 있다. 그리고 실제로 내 꿈이 이루어질 것이라 믿는다. 감사와 노력으로 꿈을 이룬다면 한층 더 큰사람으로 성장해 있을 것이다.

'죽기 전에 꼭 하고 싶은 것들'과 이루고 싶은 여러 가지가 있을 것이다. 나는 하고 싶은 것은 꼭 해내고 마는 성격이다. 안 되면 될 때까지, 실패하면 성공할 때까지, 잘 못하면 잘할 때까지 노력할 것이다. 진정성 있고 감사할 줄 알며 따뜻한 마음을 나눌 수 있는 사람으로 성장하고 싶다. 이러한 철학을 담아 죽기 전에 '김희진 재단'을 만들어 운영한다면 성공한 사람으로 기억될 것 같다.

47

행복한
대한민국 교육 스페셜리스트 되기

김경진 나미래교육원 대표, 교육 컨설턴트, 기업교육 전문 강사, (사)희망나눔협의회 운영위원,
한국영상대학교 외래교수, 예술가, 미술심리 상담사, 자기계발 작가, 동기부여 강연가

15년 차 교육 전문가로 활동하고 있다. 오랜 시간 조직에 몸담아 전사적으로 교육을 기획하고 운영하다가 프리랜서를 선언하고,
현재 나미래교육원을 운영하고 있다. 그간의 경험과 교육 내용을 바탕으로 개인저서 집필을 시작했다. 이를 계기로 왕성한 강연가,
코치로서의 활동을 기대하고 있다.

· E-mail namirae_edu@naver.com　　　　　　　· Blog blog.naver.com/zinnie81

몇몇의 친구들과 매월 독서모임을 갖는다. 재작년 9월쯤에는 레프 톨스토이의 《이반 일리치의 죽음》이라는 책과 함께 죽음이라는 주제로 열띤 토론을 했던 기억이 난다. 그때까지만 해도 나는 책 속의 주인공 이반 일리치처럼 누구나 죽음에 거부감을 가지고 있을 거라 생각했다. 하지만 친구들은 죽음에 대해 극도의 공포를 느끼는 나를 이해하지 못했다. 이 생에 그다지 미련도 없기 때문에 죽음을 편히 받아들일 수 있다는 그들을 나 역시 이해하지 못했다. 그리고 중요한 것은 우리 모두 행복하지 않은 현재를 살고 있다는 명백한 사실을 알게 되었다는 것이다.

그러고 보니 행복하려고 열심히 살아왔는데 나에게는 행복감이 없었다. 흙수저로 태어난 것도 억울한데, IMF까지 겪으면서 집안이 이상해졌다. 그때는 어려서 선명하게 기억나지는 않는다. 그냥 그때는 이상해졌다고 생각만 할 뿐이었다. 그 탓에 참으로 힘들게 공부했다. 그러곤 누구를 원망할 시간도 없이 남들처럼만 살려고 노력하다 보니 이 나이가 되었다.

가진 게 없다 보니 남들만큼만 되려 하는데도 가도 가도 끝없는 사막 같았다. 하나씩 목표를 달성해 가는데도 만족감이나 행복감이 전혀 느껴지지 않았다. 고개를 들어 보면 또 달성해야 할 빼곡한 목표들만이 내 어깨를 짓누를 뿐이었다. 나 혼자만 외딴섬에 오래도록 남겨져 허우적대는 것 같아 이젠 열심히 사는 것에도 지쳐 버렸다.

이따금씩 언론에서 발표하는 세계인들의 행복지수 자료를 보면 아이러니하게도 후진국일수록 행복지수가 높다. 문명의 혜택을 누리고 기대수명도 길어진 선진국들은 왜 행복지수가 낮은 것일까? 행복감이란 자신이 알고 있는 것의 경험에 비례하는 부분도 상당하다. 때문에 발달된 문명과 수많은 정보를 접하고 있는 선진국의 행복지수가 훨씬 낮은 것은 어찌 보면 너무 당연한 결과다. 놀랄 일도 아닌 것이다.

현재 나는 나름 선진국 대열에서 살고 있다. 그리고 발달된 매스컴 속에서 엄청난 정보를 직간접적으로 접하고 있다. 알고 있는 것과 이를 경험하지 못하는 차이가 큰 나의 행복지수가 높을 리가 없는 것이다.

재작년 9월 이후 다른 주제로 우리의 토론은 이어졌다. 하지만 나는 오랫동안 죽음과 행복에 대해 생각했다. 그러곤 관련 서적들을 읽으며 내 마음을 추슬렀다. 다시 엄마 배 속으로 들어가 국적이나 부모를 선택할 수는 없는 노릇이다. 때문에 '이 세상에 태어난 이상 의미 있는 죽음을 맞이하겠노라, 그러니 내가 알고 있는 것들의 경험치를 높이리라' 결론을 내렸다.

그때 읽었던 도서 중에 《숨결이 바람 될 때》란 책이 인상 깊었다. 저자 폴 칼라니티는 소명을 가지고 의과대학에 들어간다. 하지만 힘든 수련생활을 마치고 평탄하게 펼쳐진 길목 앞에서 투병생활을 시작하게 된다. 생각의 바닥조차 가늠이 안 될 정도로 성숙한 정신세계를 가졌던 폴. 시간과 싸우며 죽음을 응시하는 장면들이 감동적이었다. 짧지만 뜨겁게 살다 간 진실한 사람이었다. 살아 있는 동안에는 최선을 다해야 할 일상의 의무와 평범한 황홀함을 깨우쳐 준 사람이었다. 나는 '내일 죽더라도 나 스스로가 만족스러울 때까지 계속 성장하리라, 게으름을 피우지 않으리라' 마음먹었다.

나는 현재의 삶이 만족스러워서 죽음을 두려워했던 것이 아니다. 그렇다고 친구들처럼 삶이 행복하지 않으니 쉽게 죽음을 받아들이겠다고 할 수도 없다. 아무것도 이루지 못한 채, 행복감을 느껴 보지도 못한 채 죽는다는 게 극도로 억울했던 것이다. 이것이 나에게 너무 억울해서 죽을 수도 없을 만큼의 공포감을 주었던 것이다. 그래서 나는 삶의 끝에서 억울하지 않도록, 이 세상 멋들어지게 살다 가려고 책 쓰기를 선택했다.

고만고만하게 살아가는 세상 사람들에게조차도 내가 이룬 것들은 보잘것없을 것이다. 하지만 이만큼 살아 내는 것도 내게는 참 고단하고 힘든 일이었다. 사춘기를 맞이하기도 전에 가세가 기울어 부모의 도움 하나 없이 공부를 마쳤다.

남들처럼 살기 위해 죽을힘을 다해 살았다. 하지만 대단한 사람이 되고 싶다는 나의 바람은커녕 열심히 살았음에도 지금 나에겐 아무것도 없다는 허무감만 남을 뿐이었다. 정상에 올라 보지 못했으니 경제적인 여유로움은 당연히 느껴 보지 못했다. 그 와중에도 나의 노력은 조금이나마 나에게 여러 호칭을 쥐어 주긴 했다. 줄곧 기업교육을 해 온 터라 강사, 조직생활에서 주어진 팀장, 우연히 함께하게 된 봉사단체에서의 이사, 대학생들을 가르친다고 교수….

하지만 어느 것 하나도 진짜 내 것 같지 않다는 생각이 지금도 여전히 지워지지 않는다. 지치는 만큼 언제까지 내가 이 일을 할 수 있겠나 싶은 마음도 커져만 갔다. 나보다 체력이 튼튼해 보이는, 사회생활이 여자보다 좀 더 자유로워 보이는 남자로 태어나고 싶다는 쓸데없는 상상만 줄곧 했다.

조만간 내 이름으로 된 책이 나오고 나는 작가라는 또 하나의 호칭을 갖게 될 것이다. 그런데 이상하게 아직 내게 오지도 않았는데 이게 진짜 내 것이라는 생각이 든다. 심장이 뛴다. '생생하게 꿈꾸면 현실이 된다'라고 했던가. 이 글을 적고 있는 지금의 나는 이미 작가라는 마음으로 키보드를 두드리고 있다.

언젠가 어느 학자의 나비번데기에 관한 글을 읽은 적이 있다. 번데기에서 나비로 탄생할 때 힘들지 않게 칼집을 내어 주면 어떤 현상이 일어나는지 관찰한 내용이었다. 세상 밖으로 나왔지만 나비는 얼마 지나지 않아 잘 날지도 못하고 죽었다는 것이다. 건강한 나비가 되기 위해서는 힘들지만 번데기를 뚫고 나와야 하는 과정이 꼭 필요했던 것이다.

내가 그동안 겪었던 고단함은 멋진 나비가 되기 위한 단련이라고 생각한다. 단련되느라 이곳저곳의 근육이 잘 발달되었을 것이다. 발달된 근육으로 차근차근 써 내려갈 것이다. 그렇게 생각하니 내 경험들이, 내가 살아온 여정이 얼마나 값지고 감사한지 모르겠다. 고생한 데서 멈추었다면 얼마나 더 죽음이 억울할까. 아, 생각만 해도 끔찍하다.

조만간 내가 작가로 다시 태어나는 날. 나는 한 층, 아니 몇 층 업그레이드된 교육 전문가의 모습으로 다시 여러 강단에 서게 될 것이다. 사실 나는 15년째 교육에 몸담아 일해 오고 있다. 하지만 늘 고만고만하고 경쟁력이 없다는 생각에 강단에 서는 것 자체가 위축될 정도로 자신감이 떨어져 있었다. 하지만 이제는 나만의 콘텐츠를 가지고 있는 특별한 사람으로 살아갈 차례다. 화려한 나비가 되기 위해서는 딱딱한 번데기를 뚫고 나와야 한다. 기필코 베스트셀러 작가가 되어 대한민국 교육 스페셜리스트로 거듭날 것이다.

행복지수가 높아진 나는 행복을 덤으로 나누는 메신저로 살 것이다. 그러다가 세상을 떠난 후에도 글로써 여전히 살아남아 다른 이들의 삶에 커다란 영향을 미칠 것이다.

김경진

48

부동산 개발자 되어
1인 강연가로 거듭나기

김관우 책 쓰는 직장인, 부동산 투자자, 경제의식 코치, 동기부여가

현재 대기업에서 근무하고 있는 공대 출신 엔지니어다. 직장생활과 함께 글쓰기를 하고 있다. SNS를 통해 사람들과 인문학 콘텐츠로 소통하고 있다. 부동산 투자자로 활동 중이기도 하며 경제의식 성장을 위한 동기부여 코칭도 해 주고 있다. 현재 직장인들을 위한 자기계발서를 집필 중이다.

• C·P 010 7671 3236   • Instagram read_for_rest

나는 현재 직장에 다니고 있는 평범한 사회초년생이다. 대부분의 직장인들이 그렇듯이 나 역시도 재테크에 관심이 많다. 주식, 펀드, 부동산 등의 재테크를 경험해 봤는데 그중에서는 부동산이 내 성향에 가장 잘 맞았다. 현재도 여러 지역을 분석하고 실질적으로 투자하고 있는 중이다. 이렇게 부동산 분야에 대해 알아 가는 중에 가슴 뛰는 목표가 생겼다. 부동산 개발자가 되어 사회에 꼭 필요한 주거환경과 인프라를 제공하고 싶은 것이다. 나에게도 죽기 전에 꼭 이루고 싶은 꿈이란 게 생겼다.

2018년 9월, TV 뉴스와 신문, 모든 매스컴은 부동산으로 인해 정말 난리였다. 집이 없는 사람들은 없는 대로 고민이고 집이 있는 사람들은 있는 대로 문제다. 주거 양극화는 더욱 심해지고, 기초 주거권마저 문제로 대두되고 있다. 이와 같은 상황을 내 노력과 지식으로 해결하고 싶다. '어디에 무엇을 산 다음에 몇 년 후에 파시면 이득이 됩니다'와 같이 단기적인 수익 창출에만 집중하고 정보만 알려 주려 하지 않는다. 한 가정이 주거를 걱정하지 않고 마음 편히 지낼 수 있도록 도와주고 싶다.

요 근래 '전세난민'이라는 말이 돌고 있다. 금전적 문제로 매번 이곳저곳 떠돌아다니는 사람들이다. 그러다 계약 만기일만 되면 불안해하고 속상해하면서 가정불화를 겪는다. 갈 곳이 없어 전전긍긍하다 보니 한곳에서 뚜렷한 계획을 세우지 못한다.

각박한 사회 현실 속에서 인간의 가장 기본적인 요소 때문에 문제가 되는 일은 없었으면 한다. 단란한 가정을 이룰 수 있는 보금자리를 만들어 주고 그 안에서 오순도순 지낼 수 있게 조언해 주고 싶다. 이것이 내가 죽기 전에 하고 싶은 일이다.

누군가에게 조언하기 위해서는 먼저 그 분야에 대한 수준 높은 지식과 철저한 분석이 필요하다. 물론, 나는 아직 부족하다. 아니 앞으로도 계속 부족하다 여기고 시시때때로 변화하는 환경과 트렌드에 맞춰 나가야 한다. 관련 법규, 내·외부 환경, 인테리어 및 디자인에 대해서도 깊이 있게 연구해야 한다. 배움을 멈추지 않을 것이다.

조언할 자격이 충분히 갖추어진다면 이런 부분에서 나를 찾아온 사람들을 도와주고 싶다. 먼저 현재의 가족구성원 상황과 앞으로의 계획을 듣고 어디에서 살면 좋을지 컨설팅해 줄 것이다. 한국에서는 주거는 무조건 아파트, 그중에서도 로열층이라는 선입견이 저변에 깔려 있어 시야가 좁아지게 마련이다. 하지만 실제 가족구성원에 따라서 적절한 주거 타입이 다르다. 심지어 필요한 방향과 층수의 차이도 있다. 그렇게 놓쳤던 부분이나 생각지 못했던 부분을 같이 고민하고 최선의 결정을 내려 추후에 문제가 없도록 하고 싶다.

또한 미래에 금전적 여유가 있을 예정이라면 투자 방향에 대해서도 같이 고민해 볼 생각이다. 국토계획이나 도시개발 정보와 같이 접근하기 생소한 부분도 차근차근 알려 주어 가치 있는 투자를 할 수 있게 할 것이다. 은퇴 후의 노후 대비까지 이루어질 수 있도록 말이다.

그렇게 충분한 경험이 쌓인다면 내가 가진 노하우와 지식을 책으로 엮고 싶다. 많은 사람들에게 생소했던 부분을 알려 주고 바꿈을 실천하게 해 주기 위해서다. 그 후 1인 강연가로 거듭날 것이다. 문화센터와 서점, 초청회 같은 곳에서 강연하고 새로운 시각으로 주거를 보는 법을 전달하는 메신저가 되고 싶다.

이렇게 삶의 터전이 안정된다면 현실을 걱정하는 데만 급급하지 않고 미래를 꿈꿀 수 있지 않을까. 같이 미래를 꿈꾸는 가족과 희망이 함께하는 한 지붕 아래의 모습. 생각만 해도 기분 좋아지는 광경이다.

후에 내가 부를 축적하게 된다면 다시 그 부를 사회에 이로운 방향으로 전환하려 한다. 좋은 위치에 누구나 즐겁게 이용할 수 있는 건축물을 짓고 싶다. 쉬는 날 가족들이 오붓이 이용할 수 있고 아이들은 뛰놀고 배우며, 어른들도 다시 꿈꿀 수 있는 복합문화 공간을 만들고 싶다. 무분별하게 택지를 개발해 비싼 값에 떠넘기는 투기꾼이 아니라, 사회구성원 모두를 위한 개발자가 되고 싶다.

다시 한 번 다짐해 본다. 나는 대한민국 사람들이 주거를 걱정하지 않고 사는 데 도움을 주고 싶다. 여기에 쓴 것들, 죽기 전에 꼭 이루어야겠다!

49

유명인 되어
월 수익 1,000만 원 이상 창출하기

박혜란 신태양 공인중개사무소 대표, 토지전문 컨설턴트, 기업 경영 컨설팅 전문가

사람들과의 지속적인 교류를 통해 20~30대부터 땅에 관심을 가지고 땅과 친해질 수 있는 기회를 주고 싶은 소망이 있다. 현재 제조업 및 기업체 중심으로 공장, 토지 중개 및 개발을 하고 있다. 더 성장된 삶을 위해 끊임없이 배움을 좋으며 가슴 뛰는 삶을 추구하고 있다.

· E-mail cutezizibe7@naver.com　　　　　　　· Blog blog.naver.com/cutezizibe7
· C·P 010 7937 2880

　　남편과의 결혼으로 8년간의 대기업 회사생활에 종지부를 찍고, 부동산업에 종사하게 되었다. 일과 병행하며 5개월간 고군분투한 끝에 공인중개사 자격증을 취득하게 되었다. 이미 부동산업계(토지 개발 분야)에 정평이 나 있는 남편도 규모가 커짐에 따라 일이 더 많아졌다. 게다가 나의 일(부동산중개)도 같이 하다 보니, 늦게까지 사무실에 남아 있는 일이 다반사였다.

　　'한국에서 부동산은 여전히 불패신화의 대상'이라는 믿음 때문인지, 우후죽순 부동산 사무실이 늘어났다. 그러다 보니 차별화를 두기 위해서는 마케팅에 더욱 힘써야 했다. 부동산은 종합과학이

다. 그렇기 때문에 공인중개사 자격증 취득을 기점으로 세무, 법무, 공법 등 실무적인 측면에서 공부할 것이 너무나도 광범위하다. 마케팅까지 주력하기엔 시간이 턱없이 모자란다.

그때 '그래, 유명해지자! 유명해지면 직접 홍보를 하지 않아도 사람들이 찾아오겠구나' 이런 생각이 문득 스쳐 지나갔다. 널리 알려지면 그 자체로 힘을 얻게 된다.

"일단 유명해져라. 그러면 사람들은 당신이 똥을 싸도 박수 쳐 줄 것이다."

이는 앤디 워홀의 명언이지만, 오직 한국에서만 널리 알려져 있는 말이다. 한국의 누리꾼 중 누군가 해당 문장을 워홀의 명언으로 지어낸 듯하다. 하지만 '유명해지면 무얼 해도 용인되고, 모든 걸 얻을 수 있다'라는 생각이 사람들의 잠재의식 속에 내재되어 있어 여태껏 유통되었을 가능성이 크다.

유명해지는 방법 중 하나는 명실공히 책 쓰기일 것이다. 나의 책과 이름이 세상에 알려지게 되면 나의 사업과 브랜딩 가치는 자연스레 올라갈 것이다. 그것이 내가 살아가는 이유를 만들어 줄 수 있을 것이라 믿는다. 죽기 전에 하고 싶은 일들이 무궁무진하겠지만, 하루하루 가슴 뛰는 삶이야말로 진정 사람들이 원하는 것이 아닐까.

요즘 트렌드를 보니 토지, 상가, 아파트 등의 전문가로 통하는 분들은 이미 책을 두세 권씩 출간했다. 그러곤 강연을 통해 고수익을 창출한다. 뿐만 아니라 유튜브를 통해 사람들을 모으는 플랫폼을 갖추고 있음을 알 수 있었다.

그렇게 트렌드를 살피던 중 이미 많은 회원들을 보유하고 있는 네이버 카페 〈한국SNS마케팅협회〉와 〈한책협〉을 알게 되었다. 그러곤 저자가 되는 첫걸음을 떼기 위해 공저에 참여하게 되었다. 〈한책협〉을 알기 전에는 '예순 살이 되기 전 내 이름으로 된 책 하나는 출간하고 싶다'라는 막연한 생각만 가지고 있었을 뿐이었다. 인생의 절반을 걸어왔을 때 내가 인생을 얼마만큼 잘 살아왔는지, 여생을 어떻게 하면 후회 없이 보낼 수 있을지 되돌아보고 싶었기 때문이다. 하지만 책 쓰기를 통해 칼럼 기고, 강연 활동, 컨설팅으로 수입 구조를 다변화시킬 수 있다고 한다면 주저 없이 도전해 볼 만한 일이다.

남들에게 내가 알고 있는 가치를 전달하는 일은 정말 어렵다. 내가 전달하고자 하는 내용을 상대방에게 전달하지 못하는 것은 제대로 알고 있지 못하기 때문이다. 내가 그 분야에 대해 뼛속까지 알고 있다면 아무리 숫기가 없어도 내용들이 입 밖으로 줄줄 나오게 되어 있다. 그래서 더욱 강연이 하고 싶다.

강연하기 위해서는 자신만의 영역에서 전문가가 되어야 한다. 그러기 위해서는 지식들을 내 것으로 만들어야 한다. 그렇게 강연을 통해 내 이야기와 깨달음을 전달하고, 그 깨달음으로 인해 한 사람의 인생이 긍정적으로 변화된다면 그것만큼 보람찬 일은 없을 것이다.

나는 어릴 적 사람들 앞에서 발표하는 것을 좋아했다. 그래서인지 초등학교 때 전교 회장이 되었다. 매주 전교생 앞에서 마이크를 잡고 아침 조회에 참석하다 보니 남들 앞에서 이야기하는 것이 편해졌다. 방송부 아나운서 생활을 하며 학교 방송에도 나오게 되었다. 하지만 사춘기가 지나서는 남들 앞에서 이야기하는 것이 두려워 내가 하고 싶은 이야기를 다 못한 적이 많았다.

그러던 중 대기업 회사생활 때 LG 가요제의 공동사회를 맡아 진행할 기회가 주어졌다. 많이 떨리긴 했지만, 실수 없이 끝내고 난 후의 성취감은 이루 말로 다 표현할 수 없다.

그때의 감정을 다시 끌어올려 나 자신에게 동기부여가 되고 자극을 줄 수 있는 강연가가 되고 싶다는 생각이 깊어졌다. 무대에 서서 나의 지식과 깨달음을 정확하고 논리 있게 전달해 누군가에게 큰 의미를 줄 수 있다고 생각하니 너무 행복하고 즐겁다.

또한 유튜브 방송 구독자들과 지속적인 교류를 하며 20~30대 때부터 땅에 관심을 가지고 부동산과 친해질 수 있는 기회를 접하게 해 주고 싶다. 부동산에 눈뜬 사회초년생들은 아파트, 오피스텔에 대해서는 기본적인 지식을 갖고 있다. 하지만 토지는 어디서부터 시작해야 할지 몰라 막막해하는 사람들이 많다. 그런 만큼 토지 보는 법, 서류 검토하는 법, 토지 거래 시 유의할 점 등을 흥미롭고 생동감 있게 공부할 수 있도록 해 주는 콘텐츠를 접목시켜 방송을 해 보고 싶다. '어떻게 사람들의 관심을 받고 사람들을 모을수 있을까?'라고 생각하기 전에, '내가 가진 재능으로 어떻게 세상을 기쁘게 할 수 있을까?'라는 질문을 던지면 벌써부터 기분이 좋아진다.

내가 몸담고 있는 일들에 맞게 플랫폼을 만들어 시스템화한다는 게 물론 쉬운 일은 아니다. 하지만 끊임없는 콘텐츠 연구와 경쟁적인 벤치마킹 등을 통해 내 심장을 뛰게 만드는 일에 늙기 전에 하루라도 빨리 도전하고 싶다.

돈이 얼마나 들든지, 시간이 얼마나 걸리든지, 아무것도 상관치 않고 진정으로 내가 원하는 일을 하며 고소득까지 창출할 수 있다면 그것이야말로 참된 행복이다. 거대한 꿈과 끊임없는 노력만 있으면 어떻게든 길은 나타나게 마련이다. 꿈 목록은 적기만 해도 세상이 달리 보인다.

캐나다 출신의 할리우드 스타 짐 캐리는 무명 시절 영화배우가 되겠다는 청운의 꿈을 품고 미국으로 건너왔다. 하지만 너무나 가난했기 때문에 한동안 집도 없이 지내야 했다. 그러던 어느 날, 그는 '이렇게 살아갈 수 없다'라는 생각에 무작정 할리우드에서 가장 높은 언덕으로 올라갔다. 그러고는 수표책을 꺼내어 적요란에 '출연료'라고 적고 스스로에게 1,000만 달러를 지급했다. 그는 그것을 5년 동안 지갑에 넣고 다녔다.

그리고 놀랍게도 정확히 5년 후에 짐 캐리는 영화 〈덤 앤 더머〉와 〈배트맨〉의 출연료로 자신이 스스로에게 지급했던 금액보다 훨씬 많은 1,700만 달러를 받았다. 가짜 수표가 실제로 현실화된 것이다. 꿈을 포기하는 대신 꿈을 종이 위에 적은 결과다.

펜을 움직여 내가 기록한 대로 삶이 이루어진다면 인생은 더할 나위 없이 짜릿하고 흥미로울 것이다. 그렇게 나는 행복이라는 가장 값진 축복을 손에 쥘 것이다. 그리고 내 심장은 내가 살아 있음을 깨닫게 할 것이다.

50

교육계에
새로운 흐름 만들기

신종원 심리 상담사, 학습법 및 진로·진학 설계 전문가, 입시 전문가

수학교육과를 졸업하고, 교육학 박사과정을 밟았다. 꿈을 찾고자 대구 교육과학연구원, 중등 수학 교사를 거친 후 시도 소속의 심리치료사, 청소년 동반자, 뉴스타트 상담원, 학습 코칭단, 법원 위탁보호위원, 대학교의 학습법 연구원 등으로 활동했다. 현재 대학교에서 학생 선발 관련 업무를 하며 교육부 소속 온라인 진로 상담사, 교육 정책 모니터링 요원 등으로도 활동 중이다. 추후 교육을 우선하는 사회를 만들기 위해 지금보다 더 노력하는 사람, 변화하는 사람, 실천하는 사람이 되고자 한다.

• E-mail poohsjw@daum.net

"I have a Dream."

글의 첫머리에 이 문장을 쓰면서 여러 가지 연상되는 것들이 있다. 가장 먼저 인권운동가의 연설 내용, 그리고 귓가에 익숙한 노래 가사 등이다. 그중에서도 개인적으로 의미 있게 다가오는 것은 내 직업적 삶의 목표와 연관이 깊다.

'Dream'이란 단어로 글을 시작하면서 문득 '나는 어떤 꿈을 꾸었나? 나는 어떤 꿈을 전했나?' 생각해 본다. 나는 학창 시절 교육과 관련된 일을 하겠다는 진로를 정했다. 이유는 그리 구체적이

진 않았지만 세상에 기여하는 사명감 있는 일을 하고 싶었다. 이 글은 직업적 소망과 완성을 통해 의미 있는 삶을 살고자 하는 지극히 주관적이고 생애사적인 글이다.

나는 수학교육과를 졸업했다. 그리고 적당주의로 교원 임용시험을 준비하면서 낮에는 도서관에서, 밤에는 원룸에서 많은 생각을 했다. '수학이라는 과목을 그리 잘하지도, 아니 못했던 내가 왜 수학교육 공부를 하고 있는지. 과연 교사가 되면 행복할까?'라는 생각들도 하게 되었다.

짧게나마 중학교 수학 교사를 하면서 '아이들은 좋아하지만, 수학이란 과목을 내가 재미있어할 수는 없구나'라고 느꼈다. 수업에 들어가는 나의 모습과 지겨운 수학 수업을 듣기 위해 준비하는 학생들의 모습이 아마도 유사했을 것이다. 물론 나는 학생들에게 수학은 재미있는 과목이라고 이야기하며 수업을 진행했다. 그런 나 자신을 보며 '내가 과연 올바른가?'라는 반성을 수업이 끝난 후 매번 했던 기억이 있다.

짧은 방황 속에서 나는 여러 서적들을 읽었다. 그때 평화운동가 이케다 다이사쿠의 글을 읽게 되었다. 기억나는 내용은 "인간은 원점을 잊지 않으면 나아가야 할 신념의 궤도를 잃는 일이 없다."였다. 나는 나의 원점에 대해 사색하며 내가 진정 바라던 교육 일을 하기 위해 대학원 진학을 결정했다. 석사과정을 밟던 중 상담 분야에 우연찮게 빠져들게 되었다. 나라는 사람을 통해 누군가 힘을 얻어 가고, 자신 안에 갖춰진 답을 찾아 가는 모습을 보며 나의 가치를 조금이나마 발견하기도 했다.

여러 가지 해 본 일 중 지방의 4년제 대학교에서 근무했던 때가 생각난다. 나에게 주어진 2시간가량의 '학습법' 관련 특강 중 빠지지 않았던 부분은 학습 동기였다. 공부를 잘하는 방법에 대해 이야기하면서 버킷리스트 작업을 함께 하자고 하면, 어색해하며 꼭 해야 하는지 질문하는 학생들도 있었다. 그러나 조별 작업을 하고 나면 자신에 대해 알게 되었던 가장 의미 있는 시간이었다고 말해 주었다. 그러면 뿌듯함을 숨길 수가 없었다.

청소년과 대학생을 상담하다 보면 공부하는 이유가 좋은 곳에 취업하기 위해서라고들 많이 이야기했다. 그러나 애석하게도 좋은 곳에 취업한 후의 꿈은 없었다. 그때마다 학생들에게 내 삶의 비전(Vision)을 공유해 주며 다음에 만날 때까지 작성해야 할 과제를 내주기도 했다. 과제를 통해 변화되는 학생들을 보면 기분이 좋았다. 그것은 내가 평소 생각하던 내 직업적 소망과 부합했기 때문이라고 생각한다.

나는 나의 비전을 직업과 연관 지어 생각하고 싶다. 알베르 카뮈의 "노동을 하지 않으면 삶은 부패한다. 그러나 영혼 없는 노동은 삶을 질식시킨다."라는 글 속에서 나는 노동의 이상향을 확인할 수 있다고 생각한다. 마냥 노는 것보단 노동을 통해 얻어 가는 것들이 많다는 것을 경험을 통해 깨달았다. 나는 적지 않은 시간을 교육이라는 한 분야에 몸담고 있다고 자부한다. 또한 몸담고 있던 곳에서 배운 것은 '최고의 노력'으로 습득한 것이라는 자만도 가지고 있다.

근래 평생직장은 사라지고, 평생직업이라는 개념이 한참 유행된 적이 있었다. 그러나 4차 산업 혁명이라는 단어 아래 그 또한 사라져 가는 분위기다. 그런 분위기 속에 내가 겪고, 앞으로 겪을 직업들도 같은 모습으로 존재할 것이라고는 생각하지 않는다. 그래서 많은 이들에게 '신종원'이라는 인물 그 자체를 하나의 직업적 의미로 각인시키고 싶다. 거창하게 적었지만 르네상스 시대의 레오나르드 다빈치와 같은 사람이 되고 싶다는 이야기이기도 하다. 그리고 나의 역량을 통해 더 나은 세상을 만드는 데 기여하는 삶을 살고 싶다.

나의 영원한 동반자인 아내는 상담 분야에 약 10년간 몸담고 있다. 청소년들의 마음을 참 잘 아는 사람 중 한 명이라고 생각한다. 기회가 된다면, 누구나 쉽게 읽을 수 있는 청소년 관련 상담 사례집을 함께 집필하고 싶다. 부모 상담을 진행하다 보면, 대부분 비슷한 이유로 상담을 받으러 온다. 이에 대해 아내와 이야기하며 내린 결론은 '부모가 부모다워야 한다는 것'이다. 아이를 마음 넓게 껴안을 수 있는 포용력을 지녀야 한다는 것이다.

어쨌든 이것을 소개하는 첫 번째 이유는 자녀교육에 어려움을 겪는 분들이 조금이나마 도움을 얻길 바라기 때문이다. 부모와의 관계로 인해 상처받는 아이들이 줄어들었으면 하는 마음이 가장 크다. 두 번째는 아내와 같은 목표를 두고 결과물을 내고 싶다는 개인적인 마음에서다.

그리고 세계 각지를 떠돌며 교육 관련 사업을 돕고 싶다. 대학을 졸업하고 어딘가로 훌쩍 떠나고 싶은 마음에 도착했던 라오스에서 우리나라와는 전혀 다른 아이들의 모습에 눈시울이 붉어진 적이 있다. 학교를 가야 할 나이에 여행객들에게 금전을 요구하는 모습을 보며 안타까움을 느꼈기 때문이다.

이렇게 더 넓은 세상에서 자유롭게 활약하며 더 넓은 시선, 더 넓은 마음을 갖추고 싶은 것이 그다음 목표다. 현재를 벗어나 새로움을, 혹은 완전함을 추구하고 싶다는 나의 마음도 한몫하지 않았을까 생각해 본다. 직장인들이 흔히 이야기하는 시간의 굴레 속에서 자유롭게 가치 있는 삶을 살고 싶은 것이다. 그러기 위해선 다양한 역량을 키워서 시간과 공간에 구애받지 않는 삶을 살아야 할 것이다.

그 후 시간이 흘러 교육계에 새로운 흐름을 만들어 보고 싶다는 원대한 목표도 있다. 대학원 시절에도 두각을 나타내지는 못했다. 하지만 이루고 싶은 목표를 크게 잡지 못할 이유도 없을 것 같다. '모든 아이들이 반드시 좋은 성적을 받아야 하는가?'라는 질문을 채용 면접에서 받았을 때 한참을 고민했었다. 내 답은 '아니다'였다. 하지만 질문에 질문을 받으면서 내 머릿속에서 정리되지 않은 답이란 것을 깨닫게 되었다.

오래전부터 새로운 교육 사상을 갈망하며 창가교육학이란 것을 알게 되었다. 말 그대로 가치를 창조하는 교육학이다. 한국에는 아직까지 번역본이 없어 서론을 힘겹게 읽는 데 그쳤다. 하지만 내 교육 사상을 다듬는 데 큰 도움이 될 것이라고 확신한다. 그러니 언제 어디서든 당당하게 외칠 수 있는 교육 사상의 정립을 목표로 더 공부해야겠다.

글을 적고 다시 한 번 읽으니 거창하고, '과연 할 수 있을까?'라는 생각이 든다. 하지만 다시금 '두려움, 근심, 걱정을 아무리 한들 무슨 의미가 있겠어'라고 마음먹는다. 그러면서 비틀스의 〈Let it be〉를 흥얼거린다. 생각해 보면 내 삶은 계획했던 커다란 틀 속에서 수많은 사건(변수)들을 만나며 때로는 계획대로, 때로는 계획에서 벗어나면서 흘러왔다.

글을 마무리하는 시점에 글이 현실화될 것이라는 생각만 해도 가슴 벅찬 여운이 남는다. 이번에 글을 쓰게 된 사건이 나에겐 또 다른 큰 의미가 되길 바란다. 마지막으로 크나큰 결정을 할 때면 항상 생각하는 로버트 프로스트의 〈가지 않은 길〉로 이 글을 마무리하고 싶다. 내 삶도 또한 이와 같기를 바라며.

숲 속에 두 갈래 길이 있었다고
그리고 나는
사람들이 적게 간 길을 택했다고
그리고 그것이 내 모든 것을 바꾸어 놓았다고

51

나만의 책 써서
작가 되기

김지현 직장인, 달달이 엄마

낮에는 직장인으로, 저녁에는 달달이 엄마로서 최선을 다하고 있는 워킹맘이다. 아이에게는 놀이가 '밥'이라는 마음을 가지고 다양한 놀이육아 및 홈 스쿨을 실천하고 있다.

• Blog blog.naver.com/handmadedaon　　　　　• Instagram daon_atelier

　　남산타워에 올라가면 꽤나 많은 사람들이 이런 생각을 한다고 한다. '서울에 이렇게 집이 많은데 내가 살 집이 하나도 없다니.' 나는 서점에 가면 이와 비슷한 생각을 한다. 이렇게 책이 많은데 내가 쓴 책이 한 권도 없다니! 종로 영풍문고 본점이 보유하고 있는 서적은 약 43만 권이라고 한다. 하루에 한 권씩 평생을 읽어도 다 못 읽을 만큼 책이 많은데 내가 쓴 책이 한 권도 없다는 사실은 참 아쉽다. 내가 죽기 전에 꼭 하고 싶은 것은 바로 이 많은 책들 가운데에 내가 쓴 책을 꽂는 것이다.

　　대학 시절 나는 서점에 놀러 가는 것을 좋아했다. 그렇다고 해서 그렇게 책을 많이 읽었냐고 물어본다면 아쉽게도 그것은 아니다. 그저 서점 나들이를 좋아하던, 약간은 자아도취에 빠져 있던 대학생 중 하나였을지도 모른다. 서점 나들이는 왠지 나를 지적으로 만들어 줄 것 같은 기대감을 주었다. 그리고 빽빽하게 꽂혀 있는 책들의 냄새는 왠지 따뜻하고 포근한 느낌을 주었다. 그래서 종로에 볼일이 있을 때는 꼭 서점을 방문했다.

서점 나들이를 좋아했던 나는 시간적 여유가 있는 날이면 이따금 책을 한 권씩 골라 읽곤 했다. 아무리 읽어도 무슨 이야기인지 이해가 안 가는 책도 있었다. 하지만 눈 깜짝할 사이에 한 권을 다 읽어 내려갈 만큼 재미있는 책도 있었다. 우연히 고른 책이 나의 고민을 해결해 줄 때는 더할 나위 없이 기뻤다. 나의 마음을 위로해 주는 책을 만나면 한없이 위로가 되었던 기억이 생생하다. 지금 생각해 보면 책을 쓰고 싶다고 마음먹은 것은 이때부터였던 것 같다.

나는 본래 나의 이야기를 하는 것을 좋아했다. 대학 시절부터 주변 친구들이 가지 않은 길을 많이 가 본 나였다. 대학교 때는 캠핑카를 타고 유럽을 일주했고, 수학을 전공했음에도 수학과 관련 없는 마케팅 직군에 입사했다. 입사 전에는 여자 혼자서 아프리카를 일주하고 돌아왔다. 취업 후에는 친구들보다는 이른 나이에 결혼하고 아이를 낳았다.

그래서인지 나에게 나의 경험에 대해 물어보는 사람들이 많았

죽기 전에 꼭 하고 싶은 것들

다. 그러면 나는 나의 경험을 이야기해 주느라 시간 가는 줄 몰랐다. 그 대상이 한두 명일 때도 있었고, 수십 명 앞에서 나의 이야기를 해야 할 때도 있었다. 가끔은 떨리기도 했지만 나의 이야기를 할 수 있다는 사실이 즐거웠다. 나의 이야기가 그들에게 확실한 이정표가 되어 줄 수는 없을 것이다. 하지만 막연한 어둠 속에 작은 불빛은 될 수 있기를 바랐다. 그래서 더 많은 사람들에게 나의 이야기를 해 주고 싶었다. 나의 이야기를 책으로 쓰고 싶었다.

하지만 '나만의 책 쓰기, 작가 되기'는 나에게는 머나면 미래 그리고 막연한 꿈이었던 게 사실이다. 나는 작가는 어느 정도 타고나야 한다고 생각했다. 나는 그저 평범한 직장인이었다. 월급을 받아 하루하루를 살아 내야 하는 일반인이었다. 작가로 전업할 만큼 뛰어난 글솜씨를 가지고 있지도 않았다. 안정적인 직장을 때려치울 만큼의 강단을 가지고 있지도 않았다. 그래서 책을 쓰고 싶다는 나의 꿈은 그저 꿈으로 남을 뻔했다.

그런데 우연히 블로그를 시작한 후로 매일 글을 쓰게 되었다. 그러면서 글쓰기가 특별한 누군가에게만 주어진 특권이 아니라는 사실을 알게 되었다. 그저 평범한 나의 글도 어떤 사람에게는 큰 위로가 되어 줄 수 있다는 사실을 알게 되었다. 또한 나의 글을 읽기 위해 매일 나의 블로그를 방문해 주는 사람들이 있다는 사실을 알게 되었다. 여기에 덧붙여 평범한 직장인이었던 회사 직원이 책을 출간했다는 이야기를 들은 것이 나에게 꽤나 긍정적인 자극이 되었다. 그 뒤로 나는 책을 써야겠다는 나의 꿈을 조금씩 구체화하기 시작했다.

　나는 책에 내가 잘할 수 있는 이야기를 담고 싶었다. 그래서일까? 내가 쓰고자 하는 책의 주제는 자주 바뀌었다. 나의 관심사가 자주 바뀌었기 때문이다. 결혼 초에는 재봉틀에 빠져 매일같이 재봉틀을 돌리던 때가 있었다. 매일 재봉틀로 새로운 물건을 만들고 그 과정을 블로그에 포스팅 했다. 그렇게 콘텐츠가 쌓이다 보니 내가 굳이 홍보하지 않아도 사람들이 나의 글을 보려고 방문하기 시작했다. 양질의 콘텐츠가 사람들을 모은 것이다.

　그 당시에는 재봉틀과 관련된 책을 쓰고 싶었다. 실제로 책에 실을 제품 리스트를 만들어 패턴을 제작하기도 했었다. 하지만 임신하고 아이를 낳게 되면서 재봉틀을 돌릴 시간도 패턴을 제작할 시간도 사라져 버렸다. 지금 나의 삶은 귀여운 나의 딸아이를 키우는 데 집중되어 있다. 요즘 나의 삶은 육아 그 자체다.

　그래서 현재 나는 육아 내용을 매일매일 블로그에 기록하고 있다. 열정도 관심사도 많은 나이기 때문에 다양한 육아서적을 읽으며 얻게 된 내용들을 정리한다. 여러 강연을 듣고 후기들도 정리해서 기록하고 있다. 이렇게 매일매일 글을 쓰다 보니 나의 글을 기다려 주고 찾아 주는 사람들이 생겨났다. 나의 글이 육아를 어려워하는 사람들에게 도움이 되고, 위로와 희망이 될 수 있다는 것이 기뺐다.

최근 나의 육아일기를 보며 산후우울증을 이겨 냈다는 댓글을 보고 감동했던 기억이 난다. 그래서 나는 현재 육아와 관련된 책을 기획하고 있다. 이제 갓 돌 지난 아이를 키우며 어떻게 책을 쓰겠나 싶지만, 그래도 열심히 공부하며 기록 중이다. 누군가에게는 나의 기록이 도움이 되길 바라면서 말이다.

최근에는 분야를 블로그에서 조금 더 넓혀 인스타그램 계정도 운영하고 있다. 책을 출판하기 위해서는 나라는 브랜드를 만드는 것도 중요하지만 나를 홍보하는 것도 중요하니 말이다. 다양한 플랫폼에서 콘텐츠를 만들고 홍보하기 위해 노력하고 있다. 회사를 다니고 아이를 키우며 매일매일 사진을 찍고 글을 쓴다는 것은 쉬운 일이 아니다. 하지만 남들이 읽고 싶어 하는 글을 쓰기 위해서는 남들과 다른 나만의 콘텐츠가 필요하다.

매일매일 커 가는 일상을 보여 주는 아이 덕분에 맨땅에 헤딩하던 시절과 비교하면 조금은 수월하기는 하다. 하지만 최근에는 양질의 글을 쓰기 위해 콘텐츠를 고민하는 나름의 창작의 고통도 느끼고 있다. 남들은 나에게 묻는다. 워킹맘이 그럴 시간이 어디 있냐고. 어떻게 그 많은 일을 다 해낼 수 있냐고 말이다.

가끔은 1분1초를 쪼개며 살아가는 나의 삶이 벅차기도 힘들기도 하다. 하지만 이 모든 것이 나의 꿈에 한 단계 다가가는 길이라고 생각한다. 이렇게 매일 글을 쓰고 다양한 책들을 읽다 보면 조금이나마 글쓰기 실력이 늘어날 것이라 믿는다. 이렇게 매일 적어 나간 나의 글들이 쌓이고 쌓여 나의 콘텐츠가 될 것이다. 그리고 그것이 나의 브랜드가 될 것이라 믿는다. 그때가 오면 나의 이름으로 책도 쓰고 강연도 할 수 있지 않을까? 그 꿈을 이루기 위해 나는 지금도 글을 쓴다.

이번에 책을 쓰고 싶다는 꿈을 가지고 있던 나에게 좋은 기회가 생겼다. 공저에 참여할 수 있는 기회가 찾아온 것이다. 그래서 이렇게 몇 페이지로나마 나의 이야기를 적을 수 있게 되었다. 나만의 책은 아니지만 나의 이름을 작가 중 한 명으로 올릴 수 있는 책을 갖게 된 것이다. 하고 싶은 말은 많은데 처음이다 보니 정리가 잘되지 않은 것 같아 아쉽다. 하지만 나의 꿈에 한 단계 다가가게 된 것 같아 가슴이 설렌다. 부디 5년 안에는 나의 개인저서가 출간될 수 있기를 바라며 이 글을 마치려 한다.

미래에 내가 책을 출간하고 혹시나 작가 사인회를 하게 되었을 때 이 책을 가져오신다면, 작가 친필 사인 저서를 무료로 제공하겠다. 그러니 독자분들도 부디 나의 꿈이 이루어지도록 바라 주시길 기원한다.

죽기 전에 꼭 하고 싶은 것들

52

나다운 나로서
제2의 인생 시작하기

조재하 자기계발 작가

지난해 최선을 다한 5년간의 사업을 마무리하고, 인생의 버킷리스트 중 하나인 '혼자여행'을 떠났다. 누구에게도 얽매이지 않고 오직 '자신'만 생각하고, '자신'으로 존재하며, '자신'을 느꼈다. 앞으로도 온전히 자신의 삶에 집중하며 살기를 원한다. 자신을 둘러싼 세상에 대한 궁금증으로, 다양한 삶에 대한 호기심으로 책을 사랑한다. 남은 생은 지금껏 한 번도 해 보지 못한 일들에 도전하며 살고자 한다.

친구들이 H.O.T.에 열광할 때 나는 그들에게 아무 관심이 없었다. 이 말이 힌트가 되겠지만 나는 학교에 다닐 때 연예인을 좋아한 적이 없다. 조금 끌리는 적도 있었지만, '정말 좋아해!'라고 할 만한 감정은 없었다고 생각한다. 선생님을 좋아하는 아이들은 더더욱 이해가 안 되었다. 누군가에게 호감을 갖는 것이 나쁘다고 생각한 적은 없지만, 그런 친구들이 조금 유치해 보였다고나 할까.

대학에 들어와서 연애라는 걸 몇 번 했다. 그렇지만 내가 먼저 만나자거나, 내가 먼저 좋아한다고 고백한 적은 한 번도 없었다. 내가 먼저 내 마음을 말하는 건 있을 수 없는 일이었다. 왠지 자존심이 상하는 일인 것 같았다. 그래서 그 몇 번의 연애 중에서 내 속마음 기준으로 너무 좋아했던 한 남자를 그냥 떠나보냈다.

나는 부족한 것 없이 자랐다. 원래 돈이 있는 집안은 아니었다. 하지만 내가 대학교에 입학할 때까지는 엄마가 벌인 사업이 꽤 번창한 듯했다. 기사 아저씨도, 집안일을 도와주는 언니도 있었다. 하지만 엄마는 어느 날부터 정신적으로도 경제적으로도 힘들어하기 시작했다.

친구들처럼 나도 배낭여행을 가고 싶었다. 외국에서 어학연수도 받고 싶었다. 하지만 힘들어하는 엄마에게 그러고 싶다고 말할 수 없었다. 그런데 그때 내 동생은 캐나다로 어학연수를 갔다. 가고 싶다고 말하고. 엄마 빚으로.

그 후 나는 평범한 남자와 결혼하고 아이를 낳고 나름 열심히 살려고 노력했다. 돈을 모으는 법은 몰랐다. 남편이 받아 오는 월급을 아껴 쓰는 것이 내가 할 수 있는 최선이라 생각했다. 남편이 주재원으로 발령받을 때마다 지방으로 해외로 이사를 다니면서 길에다 버린 돈이 어마어마했다.

남들에게 없어 보인다는 말은 안 듣고 살았다. 있는 척은 한 번도 한 적이 없지만, 그 집안 속사정은 원래 남이 모르는 법이므로. 돈을 빌리러 다닌 적도 없고, 크게 부도를 내거나 사기를 쳐서 알려진 적도 없으니까. 하지만 항상 부족하고 아쉬웠다.

잠시 신문에 기사를 쓴 적이 있다. 그 일을 하는 도중에 TV 리포터를 해 볼 생각이 없느냐는 제안을 받았다. 난 못한다고 했다. TV에 내 얼굴이 나오는 건 부담스럽다며.

난 또래보다 많이 늦되는 사람이란 걸 나이 50세가 된 최근에 와서야 깨달았다. 지난 시간들을 돌이켜 보면, 그 나이에 느끼는 대로 하고 싶은 것들을 해 보는 게 얼마나 한 사람의 인생을 풍요롭게 만드는 일인지, 원하는 게 있고 하고 싶은 것이 있다는 것 자체가 얼마나 살아 있다는 기쁨을 느끼게 해 주는 것인지 그땐 몰랐던 것 같다. 그리고 나에게 솔직하지 못했다. 나 자신을 사랑하지 못했다. 나는 항상 부족하다고 생각했고, 나에 대해 엄격했다. 남들이 나를 어떻게 바라보는지가 중요했다. 나의 감정에 충실하지 못했다.

애들이 H.O.T에 열광할 때 나도 그런 순수한 열정을 표현해 봤어야 하는데. 분명히 나에게도 그런 열정이 있었을 텐데. 내가 누군가를 사랑하면 먼저 적극적으로 고백해 봤어야 하는 건데. 내 감정을 드러내는 것을 부끄러워하지 않았으면 좋았을 텐데. 배낭여행을 가고 싶으면, 바로 지금 뭘 하고 싶으면 아르바이트라도 하는 등 그 꿈을 이루기 위한 구체적인 노력을 했어야 했는데.

그 와중에 연수를 간 동생을 탓하고 싶은 게 아니다. 자신의 생각을 솔직히 말하고 행동하는 그 애가 미우면서도 부러웠다. 생활비가 부족하면 아껴서 쓸 생각만 할 게 아니라, 어떻게 하면 돈을 벌 수 있는지 궁리했어야 하는데. 대체 지나가는 리포터를 누가 알아볼 거라고. 얼마나 나올지도 모르고, 현장에서 잘려서 못 나올지도 모르는데. 그저 제안 받은 사실만으로 만족하고 말다니. 사실은 하고 싶었으면서.

죽기 전에 하고 싶은 일들은 너무 많다. 아들이 공부하고 있는 미국에 가서 나도 새로운 공부를 시작해 보고 싶다. 알래스카에 가서 크루즈 여행도 해 보고 싶다. 돈 걱정 없이 몇 달간 유럽여행도 해 보고 싶다. 내 이름으로 된 책도 쓰고 싶고, 예전에 배웠던 기타도 다시 배우고 싶다. 돌아가시기 전에 부모님에게 근사한 여행을 시켜 드리고 싶다. 운동을 열심히 해서 보디프로필을 찍을 수 있을 정도의 몸을 만들어 보고 싶기도 하다. 엉뚱하다 싶은 상상력을 보태면, 프로 골프선수가 되어 LPGA에서 우승도 해 보고 싶다. TV 속 음악프로그램에 나가 노래를 부르고 박수도 받아 보고 싶다.

다 쓰자면 끝도 없이 소소한 많은 것들이 생각난다. 하지만 이리저리 뭉뚱그려 보면 결국은 모두 '내 인생 다시 시작하기'로 귀결된다.

지금까지 살아온 내 인생이 모두 헛된 것이었다고 생각하지는 않는다. 나름대로 열심히 살았다고 나 스스로를 칭찬해 주고 싶은 부분이 분명히 있다. 그 어떠한 사소한 경험이라도 해 보면서 살아온 지난 시간들은 때론 아프고 슬프고 힘들기도 했다. 하지만 모두 큰 가르침과 삶을 살아 내는 지혜를 주었다고 생각한다.

하지만 난 나다운 게 뭔지 잘 모르고 살았다. 이렇게 저렇게 한심해도 그게 나란 걸, 미워할 수 없는 나란 걸 인정하지 않았다. 이제 내 내면의 소리에 더 귀 기울이고, 두려움을 피하지 않는 용기를 갖고 행동하며 내 인생을 살고 싶다.

남은 인생을 다시 시작해 보는 것. 정말 나다운 나로, 내 안에 있는 나에게 솔직하고 하고 싶은 것들을 위해 후회하지 않을 만큼 노력하는 삶을 사는 것. 그게 죽기 전에 내가 가장 하고 싶은 일이다.

53

철인 3종 경기
완주하기

이나은 희망 멘토, 동기부여 강연가, 자기계발 작가

내 삶의 주인은 바로 나 자신이고 행복은 멀리 있는 것이 아니라 이미 내 안에 있다는 신념을 가지고 있다. 꿈을 꾸고 있는 많은 사람들에게 희망과 용기를 줄 수 있는 개인저서를 집필 중이다.

• E-mail lko8174@naver.com   • C·P 010 8300 7453

"너 미쳤어?"

스물네 살 때 손수 지어 주신 이름을 개명한다고 하자 아버지가 나에게 한 말이다.

나는 김해의 조그만 시골마을에서 태어났다. 그 조그만 동네에서 더 나은 삶과 세상을 꿈꾸며 살았다. 그래서 이름을 '이나은'으로 개명했다. 그러곤 이름값을 하기 위해 부푼 꿈을 안고 연고도 없는 서울에 홀로 상경했다. 그렇게 부단히도 시련과 고통을 겪으며 열심히 살았다. 그러나 하고 싶은 일이 있어도 항상 체력이 뒷받침되지 않아서 중도에 포기하는 일이 발생했다. 내 삶은 더 나아지지 않았다.

"돈을 잃으면 조금 잃은 것이요, 명예를 잃으면 많이 잃은 것이요, 건강을 잃으면 전부 잃은 것이다."라는 명언이 있다. 건강의 중요성은 아무리 강조해도 지나치지 않는다. 국어사전에서 '건강'을 찾으면 다음과 같이 나온다.

'정신적으로나 육체적으로 아무 탈이 없고 튼튼함. 또는 그런 상태.'

건강이라 하면 보통 사람들은 육체적인 건강만 생각한다. 하지만 사전에도 나와 있듯이 건강에는 정신도 포함되어 있다. 즉, 마음에도 근력이 필요한 것이다. 《마녀체력》의 저자 이영미는 〈미시령을 넘으며 배운 인생의 지혜〉라는 부분에서 이렇게 말했다.

"평지로만 달리는 사람이 처음엔 빨라 보일 것이다. 하지만 오르막에서 처졌던 속도는 내리막에서 다 보상받는다. 사실 희열을 넘어서서 높은 고개가 가져다주는 가장 큰 보상은 따로 있다. 평지에서는 잘 생기지 않는 '근력'이다. 고개를 넘는 동안 몸에도, 마음에도 근력이 생긴다. 다음에 또 고개를 만나면 왠지 만만하게 느껴진다. 그런 근력이 쌓여 실력이 되는 것이다. 그걸 알면서도 어찌

고개를 오르지 않겠는가."

　　운동에서 인생의 지혜도 배울 수 있다. 지혜가 많은 노인들에게 지금 인생을 살아가는 데 있어서 가장 중요한 게 무엇이냐고 물으면 '건강'이라고 답한다. 젊을 때 성실하게 일하고 노력해서 부자가 되었다고 해도 건강하지 못하면 해외여행 한번 못 가는 게 현실이다. 돈을 벌어 놓으면 무엇 하랴. 아프면 다 소용없는 일이다.

　　나는 노인이 되었을 때 자유롭게 하고 싶은 것들을 하며 살기를 소망한다. 몸이 젊다고 느끼는 노인들이 실제 뇌 나이도 젊다고 한다. 나는 항상 젊게 살기를 꿈꾸며 눈을 감는 그날까지 여행을 다닐 것이다. 에베레스트 산이나 몽블랑 트레킹 등 체력이 뒷받침되지 않으면 갈 수 없는 곳을 여행할 것이다. 보통 사람들은 가고 싶어도 갈 수 없는 광활한 대자연의 품으로 돌아가 나의 삶을 되돌아보며 한 단계, 한 단계 성장할 것이다.

　　40년 조금 안 되는 삶에서 나에게 운동은 어릴 적 추억으로 남아 있다. 달리고 땀 흘리면 내가 원하는 목표가 이루어지는 게 신기하고 좋았다. 그래서 더 열심히 달렸던 모양이다.

　　나는 초등학교 1학년 때부터 졸업할 때까지 운동회의 꽃, 릴레이 달리기에서 학년 대표를 단 한 번도 놓쳐 본 적이 없다. 초등학교 1학년 때 릴레이 선수로 나가야 하는데 열 감기에 시달리며 교실에 누워 있었다. 담임 선생님과 어머니의 보살핌을 받으면서. 하늘이 빙글빙글 돌았지만 내 귀에는 밖의 운동회 소리만이 들리고 있었다. 그러던 와중에 릴레이 달리기가 시작된다는 방송을 들었다. 나는 주저 없이 뛰쳐나가 온 힘을 다해 뛰었다. 그때 놀라던 담임 선생님과 어머니의 표정을 잊을 수가 없다. 6학년 때는 마지막으로 달릴 때 응원하는 전교생의 환호성에 내가 영웅이 된 것만 같았다.

고학년으로 올라가면서 학교대표 육상선수가 되었다. 연습과정에서 코피를 흘리자 어머니께서 연근을 갈아 주셨다. 나는 그것을 열심히 먹으며 연습했다. 그러곤 결국 경상남도 도내 육상대회에서 100미터 달리기 3위 입상이라는 쾌거를 이루었다. 친한 친구에게서 3단 뛰기 줄넘기를 배운 후 매일 등교 전과 쉬는 시간, 하교 후에도 맹연습했다. 결국은 가르쳐 준 친구, 남학생들 중에도 나를 이길 자가 없게 되었다. 바람을 가르며 자유롭게 달리는 느낌, 목표를 정하고 해내고야 마는 성취감. 나는 운동이 좋았다.

유년 시절을 그렇게 보내고 시간이 흘러 점점 운동과 멀어지게 되었다. 게으르고 운동을 하지 않는 사람이 되었다. 체력이 강해지면 정신력도 강해지는 법이다. 그런데 운동을 멀리하고 몸에도, 마음에도 근력이 없어지자 끈기 없이 쉽게 상처받고 좌절했다.

그러다 우연히 TV에서 '철인 3종 경기'를 보게 되었다. 철인 3종 경기에는 여러 유형이 있다. 하지만 올림픽 종목으로 채택된 수영 1.5킬로미터, 자전거 40킬로미터, 달리기 10킬로미터 경기가 가장 대중적인 스포츠다. 세 종목을 휴식 없이 연이어 하는 경기로서 제한시간도 있는 만큼 극한의 정신력과 체력을 필요로 한다.

건장한 남자도 하기 힘든, 스포츠의 정점이라 할 수 있다. 건강해 보이는 구릿빛 피부, 탄탄한 근육, 완주하고 세상을 다 가진 것같이 짓는 미소. 나는 매료되지 않을 수 없었다.

다양한 운동을 하며 겪는 실패와 좌절들은 우리의 인생의 그것들과 비슷하다. 그런 의미에서 운동을 하며 난관에 부딪쳤을 때 극복해 본 경험은 인생에 큰 도움이 될 것이다.

나는 2년 안에 수영 배우기를 시작으로 철인 3종 경기를 완주할 것이다. 어떤 일이든 지금까지가 아니라 지금부터다. 우리가 관심을 집중해야 할 것은 지나온 시간이 얼마나 훌륭했는가가 아니다. 남겨진 시간을 어떤 마음으로 어떻게 활용할 것인가다. 그토록 바라는 소망은 과거가 아니라 지금 현재에 있다는 사실만 기억하자. 운동할 때 내 안에서 세차게 뛰는 심장, 숨이 턱까지 차오르는 벅참, 단단해지는 근육을 통해 나는 살아 있음을 느낄 것이다.

수영, 자전거, 달리기를 정해 놓은 시간 내에 완주하기 위해 구체적인 목표를 세우고 그것을 이루기 위해서 온 힘을 다해 노력할 것이다. 이것이 진정한 내 삶의 주인이 되는 시작점이 될 것이다.

죽기 전에 꼭 하고 싶은 것들

외부환경에 의존해 건강과 행복이 오기를 기대할 것이 아니다. 스스로 그것을 창조하고 익힐 때 우리는 건강과 행복의 진정한 주인이 된다. 그러기 위해서는 체력부터 단련해야 한다.

건강하고 행복한 삶을 뒷받침하는 것은 체력이다. 몸이 서서히 강해지는 동안 생각이 바뀌고 생각이 바뀌면 행동이 바뀌고 행동이 바뀌면 인생도 달라진다. 인생을 설계할 때 가장 먼저 체력을 키우는 일부터 시작하자. 몸에 힘이 생기면 마음도 단단해지고 의욕도 넘쳐서 자연스럽게 아이디어도 샘솟을 것이다. 그러면 자신이 원하는 더 나은 삶, 인생을 진정으로 즐기게 될 것이다.

죽기 전에 꼭 하고 싶은 것들

초판 1쇄 인쇄 2018년 11월 13일
초판 1쇄 발행 2018년 11월 19일

지 은 이 **이수희 외 52인 지음**
펴 낸 이 **권동희**
펴 낸 곳 **위닝북스**
기　　획 **김도사**
책임편집 **박고운**
디 자 인 **김하늘**
교정교열 **우정민**
마 케 팅 **강동혁**

출판등록 **제312-2012-000040호**
주　　소 **경기도 성남시 분당구 수내동 16-5 오너스타워 407호**
전　　화 **070-4024-7286**
이 메 일 **no1_winningbooks@naver.com**
홈페이지 **www.wbooks.co.kr**

이 도서의 국립중앙도서관 출판도서목록(CIP)은 서지정보유통지원시스템
홈페이지(http://seoji.nl.go.kr)와 국가자료공동목록시스템(http://www.nl.go.
kr/kolisnet)에서 이용하실 수 있습니다.(CIP제어번호: CIP2018035309)

위닝북스는 독자 여러분의 책에 관한 아이디어와 원고 투고를 설레는
마음으로 기다리고 있습니다. 책으로 엮기를 원하는 아이디어가 있으신 분은
이메일 no1_winningbooks@naver.com으로 간단한 개요와 취지, 연락처
등을 보내주세요. 망설이지 말고 문을 두드리세요. 꿈이 이루어집니다.

※ 책값은 뒤표지에 있습니다.
※ 잘못 만들어진 책은 구입하신 서점에서 교환해 드립니다.